SE 07

Curso

*La diferencia entre aprobar
y sacar plaza*

Celador/a

SERVICIO DE SALUD DE LAS ILLES BALEARS (IB-SALUT)

Si aún no dispones de tu **Curso MAD360**, te ofrecemos un acceso GRATIS de 30 días para que disfrutes de los siguientes recursos:

- Técnicas de Memoria 360.
- MADTEST: Test *online* Nivel PRO.
- Temario en formato digital.
- Vídeos y esquemas.
- Planificación de estudio.
- Foro entre opositores hasta la fecha del examen.*
- Recursos y novedades exclusivas.
- Consúltanos sobre tu oposición y proceso selectivo.
- Actualizaciones legislativas (Boletines Oficiales) hasta 60 días antes de la fecha del examen.*

AF212331

Para acceder a esta prueba del Curso MAD360** será necesaria la compra de todos los libros para esta especialidad de la edición 2025.

Regístrate en **mad.es/iniciar-sesion** y en la pestaña MIS CURSOS valida los códigos que encuentras en la última página de tus libros.

NOTA IMPORTANTE:

* Examen de esta categoría profesional correspondiente a la convocatoria publicada en el BOIB n.º 115, de 30 de agosto de 2025, o hasta el 31 de octubre de 2026, lo que se cumpla antes, y previa renovación del servicio.

** El acceso al CURSO MAD360 estará disponible desde octubre de 2025 (algunos recursos podrían estar disponibles en fecha posterior). Tendrá una duración de 30 días RENOVABLES mediante pago, desde la validación de códigos, o hasta el 30 de abril de 2027, lo que se cumpla antes.

MAD se reserva el derecho a ampliar dichas fechas.

Celador/a
del Servicio de Salud de las Illes Balears (IB-SALUT)

Octubre, 2025

0149-01X-0-0-1025

Celador/a
del Servicio de Salud de las Illes Balears (IB-SALUT)

Test del Temario

Autores

DOMINGO GÓMEZ MARTÍNEZ

LICENCIADO EN DERECHO

TÉCNICO DE FUNCIÓN ADMINISTRATIVA

ELENA GARCÍA FERNÁNDEZ

LICENCIADA EN DERECHO

M.ª DEL CARMEN SILVA GARCÍA

DIPLOMADA UNIVERSITARIA EN ENFERMERÍA

TÉCNICA ESPECIALISTA DE LABORATORIO

M.ª JOSÉ GARCÍA BERMEJO

LICENCIADA EN BIOLOGÍA

TÉCNICO ESPECIALISTA EN LABORATORIO

FRANCISCO JESÚS TORRES FONSECA

LICENCIADO EN DERECHO

MIGUEL ÁNGEL NAVAS DUEÑAS

INGENIERO SUPERIOR EN TELECOMUNICACIONES

PROFESOR DE INFORMÁTICA DE CICLOS FORMATIVOS DE GRADO MEDIO Y BACHILLERATO

© 7 Editores Recursos para la Cualificación Profesional y el Empleo, S.L. (7 Editores)

©Los autores

Primera edición, octubre 2025 (208 páginas)

Derechos de edición reservados a favor de 7 Editores

IMPRESO EN ESPAÑA

Diseño Portada: 7 Editores

Edita: 7 Editores

Avda. San Francisco Javier, 9 · Edificio Sevilla 2 · Planta 11 · Módulos 25-27 · 41018 Sevilla

Teléfono: 954 784 411 · WEB: www.mad.es · e-mail: administracion@7editores.com

ISBN: 979-13-702-8050-5

© "Editorial Mad" y "Eduforma" son nombres comerciales registrados de
7 Editores Recursos para la Cualificación Profesional y el Empleo, S.L.

Queda rigurosamente prohibida la reproducción total o parcial de esta obra por cualquier medio
o procedimiento sin la autorización por escrito del editor.

Índice

CONTENIDO JURÍDICO COMÚN

CONTENIDO ESPECÍFICO

CONTENIDO JURÍDICO COMÚN

TEST N.º 1

La Constitución española de 1978: valores superiores y principios constitucionales fundamentales; derechos y deberes fundamentales. La protección de la salud en la Constitución

1. El artículo 10 de la Constitución Española contempla:

a) Que la dignidad de la persona es fundamento del orden político y de la paz social.
b) El primero de los derechos fundamentales contenidos en la misma.
c) La prohibición de lesión a la persona física.
d) La interpretación de la Declaración Universal de Derechos Humanos conforme a la Constitución Española.

2. ¿Cuál de los siguientes no se especifica en el artículo 10.1 como fundamento del orden político y la paz social?

a) La dignidad de la persona.
b) Los derechos inviolables de la persona.
c) La seguridad jurídica.
d) El libre desarrollo de la personalidad.

3. En relación con la dignidad de la persona:

a) En realidad, la Constitución solamente la reconoce a la persona en tanto que ciudadana.
b) Puede verse alterada, jurídicamente hablando, atendiendo a la situación en que la persona se encuentre.
c) No admite grados.
d) Es renunciable y disponible.

4. El artículo 10 de la Constitución Española:

a) No reconoce el valor de los Tratados Internacionales, dándole el máximo y único valor a la Constitución.
b) Dispone que los tratados y acuerdos ratificados por España sirven de parámetro interpretativo de los derechos y libertades establecidos en la Constitución.

c) Reconoce únicamente validez, en relación con los derechos humanos, a la Declaración Universal de Derechos Humanos.

d) Establece que los Tratados Internacionales ratificados por España se situarán en una posición superior en la jerarquía normativa respecto de la Constitución.

5. De la Constitución se desprende que:

a) Los derechos y libertades establecidos en Tratados internacionales no tienen valor.

b) Los derechos y libertades establecidos en Tratados internacionales tienen rango constitucional.

c) Los derechos y libertades establecidos en Tratados internacionales tienen rango constitucional únicamente en la medida en que también estén reconocidos en la Constitución Española.

d) Los derechos reconocidos en Tratados internacionales tienen eficacia directa, por este hecho, en los tribunales españoles, aunque no hayan estado ratificados por el Estado español.

6. En relación con la nacionalidad española:

a) La Constitución establece que solamente se puede adquirir por nacimiento.

b) Se adquiere únicamente por nacimiento, no obstante, un extranjero puede optar a la residencia.

c) Se puede adquirir.

d) Nunca se puede perder.

7. En base a la Constitución Española:

a) Un español nunca puede perder su nacionalidad.

b) Ningún español de origen podrá ser privado de su nacionalidad.

c) La nacionalidad siempre se conserva.

d) No se admite la doble nacionalidad de un español.

8. En relación con la doble nacionalidad:

a) La Constitución Española no la permite.

b) El Estado puede concertar tratados de doble nacionalidad con los países iberoamericanos o con aquellos que hayan tenido o tengan una particular vinculación con España.

c) Solamente se puede reconocer en relación con la nacionalidad de otros países europeos.

d) Solamente se puede reconocer en relación con antiguos países que formaban parte de la Corona española.

9. ¿Cuál de las siguientes afirmaciones es falsa?

a) No es la primera vez que una Constitución Española regula aspectos relacionados con la nacionalidad.

b) La Constitución Española no es la única a nivel mundial que contiene regulación respecto de la nacionalidad de los ciudadanos del Estado.

c) En la Constitución se desarrollan las formas de adquisición, conservación y pérdida de la nacionalidad española, dada su importancia.

d) La nacionalidad es una cualidad jurídica de la persona.

10. En base al artículo 12 de la Constitución Española:

a) Los españoles se pueden emancipar a los dieciocho años.

b) Los españoles se pueden emancipar a los dieciséis años.

c) Los españoles son mayores de edad a los dieciocho años.

d) Los españoles son mayores de edad a los veintiún años.

11. Indica la respuesta incorrecta:

a) Que la Constitución establezca cuál es la edad de obtención de la mayoría de edad no implica que, por causa justificada, la ley pueda establecer otras edades para ejercer algunos derechos y obligaciones.

b) Que la Constitución establezca cuál es la edad de obtención de la mayoría de edad no implica la imposibilidad de emanciparse.

c) La Constitución equipara la minoría de edad con la incapacidad.

d) La Constitución vincula, en términos generales, la mayoría de edad a la adquisición de la plena capacidad de obrar.

12. No ser mayor de edad implica:

a) Que no puedes votar en las elecciones.

b) Que no puedes contraer matrimonio.

c) Que no puedes trabajar.

d) Que no puedes celebrar ningún tipo de contrato.

13. Atendiendo a lo dispuesto en el artículo 13 de la Constitución:

a) En todo caso, solamente los españoles están legitimados para participar en asuntos públicos.

b) Los extranjeros gozarán es España de los derechos fundamentales, pero no de las libertades públicas establecidas en la Constitución.

c) Los españoles son titulares del derecho de participación en los asuntos públicos, lo que puede extenderse, vía tratado o ley, a otros sujetos para el derecho de sufragio activo y pasivo en las elecciones municipales, siempre atendiendo a criterios de reciprocidad.

d) Solamente los españoles mayores de edad y con determinado nivel cultural pueden participar en asuntos públicos.

14. En relación con el derecho de asilo:

a) No se puede conceder a los refugiados, en ningún caso.

b) Por ley orgánica se establecerán los términos en que los ciudadanos de otros países podrán gozar de este derecho en España.

c) Por ley se establecerán los términos en que los ciudadanos de otros países y los apátridas podrán gozar de este derecho en España.

d) Por reglamento se establecerán los términos en que los apátridas podrán gozar de este derecho en España.

15. Indica la respuesta correcta en relación con la extradición:

a) La extradición solo se concederá en cumplimiento de un tratado o de la ley, atendido al principio de reciprocidad.

b) La extradición solo se concederá en cumplimiento de un tratado o de la ley, sin requerirse la reciprocidad.

c) También se puede conceder la extradición por delitos políticos.

d) No se puede extraditar por actos de terrorismo.

16. Del artículo 13 de la Constitución Española:

a) Se deduce que los extranjeros no tienen que estar sometidos al ordenamiento jurídico español, están sometidos únicamente al de su Estado.

b) Se entiende que los extranjeros no disponen ni de derechos ni de libertades públicas en España, al igual que no tienen atribuidas obligaciones.

c) Se deduce que los extranjeros no pueden tener atribuidas obligaciones en el Estado español.

d) Se deduce que los extranjeros están sometidos al ordenamiento jurídico del Estado español, y, en consecuencia, son también sujetos de derechos y también de obligaciones.

17. Respecto de los extranjeros, ¿qué tres circunstancias se les reconocen explícitamente en el artículo 13 de la Constitución?

a) El derecho a la vida, al asilo y a la extradición.

b) El goce de las libertades públicas, el derecho a la participación en asuntos públicos y el derecho al asilo.

c) El goce de las libertades públicas, el derecho a la vida y la extradición.

d) El goce de las libertades públicas, el derecho al asilo y la extradición.

18. ¿El texto del artículo 13 de la Constitución es el mismo actualmente que el aprobado en 1978?

a) Sí, por supuesto, ya que nunca se ha procedido a la reforma de la Constitución, y menos por el procedimiento agravado, que sería el aplicable a este artículo por su ubicación dentro de la misma.

b) Sí, por supuesto, la Constitución nunca ha sufrido ningún tipo de modificación.

c) No, el apartado 2 del mismo, relativo a los derechos de sufragio activo y pasivo tuvo que ser modificado.

d) No, en realidad se tuvo que reescribir por completo al incorporarnos en la Unión Europea.

19. El artículo 14 de la Constitución:

a) Contiene un derecho fundamental.
b) Contiene una indicación para los poderes públicos, pero sin carácter vinculante.
c) Únicamente contiene una obligación para los particulares y para su tráfico jurídico.
d) Contiene un derecho y una obligación tanto para los particulares como para los poderes públicos, pero no se trata de un derecho fundamental.

20. El artículo 14 de la Constitución hace referencia al derecho a la igualdad, dice que "los españoles son iguales ante la ley, sin que pueda prevalecer discriminación alguna...". ¿Cuál de los siguientes términos no está explícitamente estipulado en el texto del precepto?

a) Nacimiento.
b) Matrimonio.
c) Raza.
d) Religión.

En MADTEST tienes **más preguntas de este tema**, y todos tus avances quedan registrados y se reflejan en el ranking.

¡Supera tus límites con MADTEST!

Solución al test n.º 1

1. a) Que la dignidad de la persona es fundamento del orden político y de la paz social.

2. c) La seguridad jurídica.

3. c) No admite grados.

4. b) Dispone que los tratados y acuerdos ratificados por España sirven de parámetro interpretativo de los derechos y libertades establecidos en la Constitución.

5. c) Los derechos y libertades establecidos en Tratados internacionales tienen rango constitucional únicamente en la medida en que también estén reconocidos en la Constitución Española.

6. c) Se puede adquirir.

7. b) Ningún español de origen podrá ser privado de su nacionalidad.

8. b) El Estado puede concertar tratados de doble nacionalidad con los países iberoamericanos o con aquellos que hayan tenido o tengan una particular vinculación con España.

9. c) En la Constitución se desarrollan las formas de adquisición, conservación y pérdida de la nacionalidad española, dada su importancia.

10. c) Los españoles son mayores de edad a los dieciocho años.

11. c) La Constitución equipara la minoría de edad con la incapacidad.

12. a) Que no puedes votar en las elecciones.

13. c) Los españoles son titulares del derecho de participación en los asuntos públicos, lo que puede extenderse, vía tratado o ley, a otros sujetos para el derecho de sufragio activo y pasivo en las elecciones municipales, siempre atendiendo a criterios de reciprocidad.

14. c) Por ley se establecerán los términos en que los ciudadanos de otros países y los apátridas podrán gozar de este derecho en España.

15. a) La extradición solo se concederá en cumplimiento de un tratado o de la ley, atendido al principio de reciprocidad.

16. d) Se deduce que los extranjeros están sometidos al ordenamiento jurídico del Estado español, y, en consecuencia, son también sujetos de derechos y también de obligaciones.

17. d) El goce de las libertades públicas, el derecho al asilo y la extradición.

18. c) No, el apartado 2 del mismo, relativo a los derechos de sufragio activo y pasivo tuvo que ser modificado.

19. a) Contiene un derecho fundamental.

20. b) Matrimonio.

TEST N.º 2

El Estatuto de autonomía de las Islas Baleares: disposiciones generales

1. El día de las Illes Balears se celebra el:

a) El 1 de marzo.
b) El 2 de mayo.
c) El 30 de mayo.
d) El 9 de junio.

2. El Estatuto de Autonomía fue reformado en el año:

a) 1995.
b) 2007.
c) 2010.
d) 2015.

3. Según el artículo 1 del Estatuto de Autonomía, la denominación oficial de la Comunidad Autónoma es:

a) Comunidad Autónoma Balear.
b) Illes Balears.
c) Baleares.
d) Islas de Mallorca y Menorca.

4. ¿Qué islas forman parte del territorio de la Comunidad Autónoma de las Illes Balears según el artículo 2 del EA?

a) Mallorca, Menorca, Ibiza, Formentera y Cabrera.
b) Mallorca, Menorca, Ibiza y Formentera.
c) Mallorca, Menorca y Cabrera.
d) Mallorca, Menorca, Ibiza, Formentera y Tenerife.

5. La insularidad balear genera principalmente:

a) Un aumento de la competitividad empresarial.
b) Ventajas en el comercio marítimo.

c) Un considerable incremento del coste de las actividades productivas.
d) Una mayor independencia económica.

6. ¿Qué artículo de la Constitución Española reconoce el hecho insular como un hecho diferencial a tener en cuenta?

a) Artículo 2.
b) Artículo 3.
c) Artículo 138.1.
d) Artículo 149.

7. ¿Cuál es la lengua propia de las Illes Balears según el artículo 4 del EA?

a) El castellano.
b) El mallorquín.
c) El balear.
d) El catalán.

8. ¿Cómo está constituida la bandera de las Illes Balears según el Estatuto de Autonomía?

a) Fondo azul con un castillo blanco en el centro.
b) Cuatro barras rojas verticales sobre fondo amarillo.
c) Cuatro barras rojas horizontales sobre fondo amarillo con un cuartel morado y un castillo blanco de cinco torres.
d) Cruz blanca sobre fondo rojo con un escudo central.

9. ¿Qué forma heráldica tiene el escudo de las Illes Balears?

a) Escudo francés.
b) Escudo español.
c) Escudo ovalado.
d) Escudo inglés.

10. ¿Qué elemento adorna el escudo de las Illes Balears según la Ley 7/1984?

a) Hojas de laurel.
b) Hojas de acanto doradas.
c) Hojas de palma.
d) Cintas rojas y amarillas.

11. Según el Estatuto de Autonomía, las Illes Balears se constituyen en Comunidad Autónoma en virtud de:

a) La voluntad del Parlamento Balear.
b) El Estatuto de Autonomía exclusivamente.

c) La Constitución y el Estatuto de Autonomía.
d) Un acuerdo con el Gobierno central.

12. La nacionalidad histórica que forman Mallorca, Menorca, Ibiza y Formentera se expresa a través de:

a) Su idioma común.
b) Su voluntad colectiva de autogobierno.
c) Su situación geográfica.
d) Su relación con el Mediterráneo.

13. El Estatuto de Autonomía ampara la insularidad como:

a) Un obstáculo al desarrollo.
b) Un hecho diferencial merecedor de protección especial.
c) Un elemento secundario.
d) Una desventaja inevitable.

14. La Ley 3/1986, de 19 de abril, tiene como finalidad:

a) La creación de la bandera balear.
b) La regulación del escudo.
c) La delimitación territorial.
d) La Normalización Lingüística.

15. El artículo 5 del EA obliga al Gobierno balear a promover:

a) El intercambio económico exclusivo.
b) La comunicación e intercambio cultural con territorios con vínculos lingüísticos.
c) La integración política de las islas.
d) El comercio marítimo con Europa.

16. Según la disposición adicional 2ª del Estatuto de Autonomía, los convenios de cooperación para salvaguardar el patrimonio lingüístico común podrán solicitarse a:

a) El Consejo de Europa.
b) El Gobierno del Estado y las Cortes Generales.
c) El Tribunal Constitucional.
d) La Unión Europea.

17. El cuartel situado en la parte superior izquierda de la bandera balear es:

a) Morado con un castillo blanco de cinco torres.
b) Verde con un castillo.

c) Azul con una estrella.
d) Rojo con una corona.

18. Cada isla podrá tener sus propios símbolos por acuerdo de:

a) El Gobierno balear.
b) El Consejo Insular respectivo.
c) El Parlamento autonómico.
d) El Gobierno del Estado.

19. El Día de las Illes Balears conmemora:

a) La primera Constitución española.
b) La anexión de Menorca.
c) El fin de la Guerra de Sucesión.
d) La entrada en vigor del Estatuto de Autonomía.

20. Según el artículo 12 del Estatuto de Autonomía, la Comunidad Autónoma de las Illes Balears fundamenta el derecho al autogobierno en los valores del respeto a la dignidad humana, la libertad, la igualdad, la justicia, la paz y:

a) Los derechos humanos.
b) El bienestar social.
c) El pluralismo político.
d) La legalidad.

En MADTEST tienes **más preguntas de este tema**, y todos tus avances quedan registrados y se reflejan en el ranking.

¡Supera tus límites con MADTEST!

Solución al test n.º 2

1. a) El 1 de marzo.

2. b) 2007.

3. b) Illes Balears.

4. a) Mallorca, Menorca, Ibiza, Formentera y Cabrera.

5. c) Un considerable incremento del coste de las actividades productivas.

6. c) Artículo 138.1.

7. d) El catalán.

8. c) Cuatro barras rojas horizontales sobre fondo amarillo con un cuartel morado y un castillo blanco de cinco torres.

9. b) Escudo español.

10. b) Hojas de acanto doradas.

11. c) La Constitución y el Estatuto de Autonomía.

12. b) Su voluntad colectiva de autogobierno.

13. b) Un hecho diferencial merecedor de protección especial.

14. d) La Normalización Lingüística.

15. b) La comunicación e intercambio cultural con territorios con vínculos lingüísticos.

16. b) El Gobierno del Estado y las Cortes Generales.

17. a) Morado con un castillo blanco de cinco torres.

18. b) El Consejo Insular respectivo.

19. d) La entrada en vigor del Estatuto de Autonomía.

20. a) Los derechos humanos.

TEST N.º 3

**La Ley 14/1986, de 25 de abril, general de sanidad:
principios generales del sistema de salud; competencias de las
administraciones públicas; estructura del sistema sanitario público**

1. ¿Qué norma regula los aspectos básicos de las profesiones sanitarias tituladas en lo que se refiere a su ejercicio por cuenta propia o ajena?

a) La Ley 41/2002, de 14 de noviembre.
b) La Ley 16/2003, de 28 de mayo.
c) La Ley 44/2003, de 21 de noviembre.
d) La Ley 15/1997, de 25 de abril.

2. ¿De cuántos artículos consta la Ley 14/1986 de 25 de abril, General de Sanidad?

a) 109.
b) 111.
c) 113.
d) 116.

3. La Ley 14/1986 de 25 de abril, General de Sanidad, se estructura en:

a) Un Título Preliminar, siete Títulos, diez Disposiciones Adicionales, seis Disposiciones Transitorias, dos Disposiciones Derogatorias y dieciséis Disposiciones Finales.
b) Un Título Preliminar, seis Títulos, diez Disposiciones Adicionales, siete Disposiciones Transitorias, dos Disposiciones Derogatorias y dieciséis Disposiciones Finales.
c) Un Título Preliminar, siete Títulos, diez Disposiciones Adicionales, siete Disposiciones Transitorias, tres Disposiciones Derogatorias y dieciséis Disposiciones Finales.
d) Un Título Preliminar, siete Títulos, diez Disposiciones Adicionales, seis Disposiciones Transitorias, tres Disposiciones Derogatorias y dieciséis Disposiciones Finales.

4. ¿Qué artículo de nuestra Carta Magna proclama que "corresponde a los poderes públicos promover las condiciones para que la libertad y la igualdad del individuo y de los grupos en que se integra sean reales y efectivas?

a) El art. 9.1.
b) El art. 9.2.

c) El art. 43.1.
d) El art. 43.3.

5. La Ley 14/1986, de 25 de abril, General de Sanidad, establece que las piezas básicas de los Servicios de Salud de las Comunidades Autónomas son:

a) Las Áreas de Salud.
b) Los Distritos Sanitarios.
c) Las Comarcas Sanitarias.
d) Las Zonas de Salud.

6. La Ley 14/1986, de 25 de abril, General de Sanidad, tiene como objeto la regulación general de todas las acciones que permitan hacer efectivo el derecho a la protección de la salud reconocido en el artículo:

a) 15 de la Constitución Española.
b) 19 de la Constitución Española.
c) 33 de la Constitución Española.
d) 43 de la Constitución Española.

7. Las funciones de Alta Inspección se ejercerán:

a) Por los órganos del Estado competentes en materia de sanidad.
b) Por los órganos de las Comunidades Autónomas competentes en materia de sanidad.
c) Por los órganos de las Corporaciones Locales competentes en materia de sanidad.
d) Todas las respuestas son correctas.

8. Los funcionarios de la Administración del Estado que ejerzan la Alta Inspección gozarán, a todos los efectos, de las consideraciones de:

a) Agentes de la autoridad.
b) Autoridad pública.
c) Policía.
d) Delegados de la Autoridad.

9. Cuando, como consecuencia del ejercicio de las funciones de Alta Inspección, se comprueben incumplimientos por parte de la Comunidad Autónoma, las autoridades sanitarias del Estado le advertirán de esta circunstancia a través de:

a) El Consejo de Estado.
b) El Ministro de Sanidad, Servicios Sociales e Igualdad.
c) El Delegado del Gobierno.
d) El Consejo Interterritorial del Sistema Nacional de Salud.

10. **¿Con qué periodicidad presentará la Alta Inspección del Sistema Nacional de Salud una memoria sobre el funcionamiento del sistema ante el Consejo Interterritorial del Sistema Nacional de Salud para su debate?**

a) Cada dos años.
b) Anualmente.
c) Semestralmente.
d) Trimestralmente.

En MADTEST tienes **más preguntas de este tema**, y todos tus avances quedan registrados y se reflejan en el ranking.

¡Supera tus límites con MADTEST!

Solución al test n.º 3

1. c) La Ley 44/2003, de 21 de noviembre.

2. d) 116.

3. a) Un Título Preliminar, siete Títulos, diez Disposiciones Adicionales, seis Disposiciones Transitorias, dos Disposiciones Derogatorias y dieciséis Disposiciones Finales.

4. b) El art. 9.2.

5. a) Las Áreas de Salud.

6. d) 43 de la Constitución Española.

7. a) Por los órganos del Estado competentes en materia de sanidad.

8. b) Autoridad pública.

9. c) El Delegado del Gobierno.

10. b) Anualmente.

TEST N.º 4

La Ley 16/2003, de 28 de mayo, de cohesión y calidad del Sistema Nacional de Salud: tarjeta sanitaria individual. El usuario del Sistema Nacional de Salud: derechos y deberes

1. Según la Ley 16/2003, la tarjeta sanitaria individual tiene carácter:

a) Administrativo general para todas las prestaciones de la Seguridad Social.
b) Exclusivamente sanitario, para acceder a la asistencia sanitaria.
c) Laboral y sanitario.
d) Económico y sanitario.

2. El Real Decreto 183/2004 desarrolla el artículo 57 de la Ley 16/2003 para regular:

a) La receta médica electrónica.
b) La tarjeta sanitaria individual.
c) La historia clínica informatizada.
d) Los centros de referencia hospitalarios.

3. La tarjeta sanitaria individual puede emitirse en:

a) Soporte físico únicamente.
b) Soporte virtual únicamente.
c) Soporte físico y/o virtual.
d) Exclusivamente en soporte con chip.

4. Entre los datos adicionales que pueden incorporarse a la tarjeta sanitaria, se encuentra:

a) El grupo sanguíneo del titular.
b) La fecha de caducidad de la tarjeta para ciertos colectivos.
c) El lugar de nacimiento.
d) El estado civil del titular.

5. En el anverso de la tarjeta sanitaria, ¿qué dato aparece en la franja inferior, primera línea?

a) Nombre y apellidos del titular.
b) Código de identificación personal asignado por la administración sanitaria.
c) Fecha de caducidad de la tarjeta.
d) Número de la Seguridad Social.

6. El tamaño de la tarjeta sanitaria individual se ajusta al estándar:

a) ISO 9001.
b) ISO 14001.
c) ISO 7810.
d) ISO 50001.

7. El código de identificación personal del Sistema Nacional de Salud (CIP-SNS):

a) Puede repetirse en casos excepcionales.
b) Se asigna de forma única y es irrepetible a lo largo de la vida.
c) Solo es válido en la comunidad autónoma emisora.
d) Tiene validez temporal y debe renovarse cada 10 años.

8. La base de datos de población protegida del Sistema Nacional de Salud es mantenida por:

a) El Instituto Nacional de la Seguridad Social (INSS).
b) El Ministerio de Hacienda.
c) Las Administraciones sanitarias emisoras de la tarjeta.
d) El Consejo Interterritorial de Salud.

9. La Tarjeta Sanitaria Europea (TSE) es válida durante:

a) Seis meses.
b) Un año.
c) Dos años.
d) Cinco años.

10. El Certificado Provisional Sustitutorio (CPS) de la TSE se emite principalmente:

a) Cuando el desplazamiento sea inminente y no se pueda obtener la TSE.
b) Para viajes turísticos de más de un mes.
c) Cuando se viaja fuera de la Unión Europea.
d) Como documento de residencia.

11. El Certificado Provisional Sustitutorio (CPS) se expide con una validez máxima de:

a) 30 días.
b) 60 días.
c) 90 días.
d) 180 días.

12. Uno de los postulados esenciales de la Ley General de Sanidad es:

a) El principio de especialización.
b) El principio de universalidad.
c) El principio de subsidiariedad.
d) El principio de discrecionalidad.

13. La Ley 41/2002 regula de manera especial:

a) El derecho a la autonomía del paciente.
b) El derecho a la libre competencia en farmacia.
c) El derecho a recibir medicamentos gratuitos.
d) El derecho a la confidencialidad solo de los menores.

14. Según la Ley General de Sanidad, todo paciente tiene derecho a:

a) Que su médico sea anónimo.
b) Conocer el nombre de su médico asignado.
c) No recibir información sobre su tratamiento.
d) Rechazar todo tratamiento obligatorio sin trámite alguno.

15. Los usuarios del sistema sanitario público tienen derecho a:

a) Presentar sugerencias y recibir respuesta por escrito.
b) Reclamar exclusivamente por vía judicial.
c) Reclamar solo si se trata de urgencias.
d) Guardar silencio sin posibilidad de quejas.

16. Entre las prestaciones sanitarias del Sistema Nacional de Salud se incluyen:

a) Atención primaria, especializada, farmacéutica, complementaria y servicios de información.
b) Solo atención primaria y hospitalaria.
c) Únicamente urgencias hospitalarias.
d) Solamente atención farmacéutica.

17. Según el artículo 11 de la Ley General de Sanidad, los ciudadanos están obligados a:

a) Financiar directamente las prestaciones farmacéuticas.
b) Cumplir las prescripciones sanitarias generales y específicas.
c) Acudir diariamente al centro de salud.
d) Someterse obligatoriamente a ensayos clínicos.

18. Los usuarios sin derecho a asistencia sanitaria podrán acceder a los servicios como:

a) Pacientes privados.
b) Beneficiarios temporales.
c) Usuarios externos sin coste alguno.
d) Ciudadanos con derecho automático.

19. La tarjeta sanitaria individual fue regulada inicialmente por:

a) La Ley 14/1986, de 25 de abril.
b) La Ley 16/2003, de 28 de mayo.
c) La Ley 41/2002, de 14 de noviembre.
d) El Real Decreto 1112/2018, de 7 de septiembre.

20. El Real Decreto 922/2024 modifica:

a) El Real Decreto 183/2004.
b) El Real Decreto 463/2020.
c) El Real Decreto 1112/2018.
d) El Real Decreto 29/1984.

En MADTEST tienes **más preguntas de este tema**, y todos tus avances quedan registrados y se reflejan en el ranking.

¡Supera tus límites con MADTEST!

Solución al test n.º 4

1. b) Exclusivamente sanitario, para acceder a la asistencia sanitaria.

2. b) La tarjeta sanitaria individual.

3. c) Soporte físico y/o virtual.

4. b) La fecha de caducidad de la tarjeta para ciertos colectivos.

5. b) Código de identificación personal asignado por la administración sanitaria.

6. c) ISO 7810.

7. b) Se asigna de forma única y es irrepetible a lo largo de la vida.

8. c) Las Administraciones sanitarias emisoras de la tarjeta.

9. c) Dos años.

10. a) Cuando el desplazamiento sea inminente y no se pueda obtener la TSE.

11. c) 90 días.

12. b) El principio de universalidad.

13. a) El derecho a la autonomía del paciente.

14. b) Conocer el nombre de su médico asignado.

15. a) Presentar sugerencias y recibir respuesta por escrito.

16. a) Atención primaria, especializada, farmacéutica, complementaria y servicios de información.

17. b) Cumplir las prescripciones sanitarias generales y específicas.

18. a) Pacientes privados.

19. b) La Ley 16/2003, de 28 de mayo.

20. a) El Real Decreto 183/2004.

TEST N.º 5

La Ley 41/2002, de 14 de noviembre, básica reguladora de la autonomía del paciente y de derechos y deberes en materia de información y documentación clínica: principios generales, el derecho de información sanitaria, el derecho a la intimidad y el respeto de la autonomía del paciente

1. ¿Qué carácter tiene la Ley 41/2002, de 14 de noviembre?

a) Es una norma autonómica.
b) Es una normativa básica.
c) Es un reglamento interno.
d) Es una instrucción administrativa.

2. ¿Cuántos capítulos contiene la Ley 41/2002?

a) Cinco capítulos.
b) Ocho capítulos.
c) Seis capítulos.
d) Cuatro capítulos.

3. ¿Cómo define la Ley 41/2002 el consentimiento informado?

a) Una obligación impuesta por el médico.
b) Una conformidad libre, voluntaria y consciente del paciente tras recibir información adecuada.
c) Un trámite burocrático previo al ingreso hospitalario.
d) Una firma obligatoria sin excepciones.

4. ¿Qué es la historia clínica según la Ley 41/2002?

a) El informe de alta médica de un paciente.
b) Un resumen anual de los diagnósticos en un hospital.

c) El conjunto de documentos con datos e informaciones sobre la evolución clínica de un paciente.

d) Una ficha administrativa del centro sanitario.

5. ¿Quién es considerado "usuario" en la Ley 41/2002?

a) El profesional que atiende al paciente.

b) La persona que utiliza los servicios sanitarios de prevención, educación y promoción de la salud.

c) El representante legal del paciente.

d) El gestor administrativo de un centro sanitario.

6. Según la Ley 41/2002, ¿qué principio básico debe orientar la actividad de custodia de documentación clínica?

a) La eficiencia económica.

b) La dignidad de la persona y respeto a su intimidad.

c) La rapidez en el archivo.

d) La obligación de los centros privados únicamente.

7. ¿Qué derecho tiene todo paciente en relación a la información sanitaria?

a) Derecho a conocer toda la información sobre su salud, salvo excepciones legales.

b) Derecho exclusivo a recibir informes escritos.

c) Derecho únicamente a recibir información oral.

d) Derecho a información solo en caso de hospitalización.

8. ¿Qué derecho reconoce la Ley 41/2002 en materia de información epidemiológica?

a) Derecho a ocultar los problemas sanitarios de la colectividad.

b) Derecho a que la información epidemiológica sea comprensible y adecuada.

c) Derecho exclusivo de los profesionales sanitarios.

d) Derecho a no recibir ninguna información de carácter colectivo.

9. ¿Qué condición establece la Ley respecto a la gratuidad de los certificados médicos?

a) Siempre deben ser gratuitos.

b) Nunca deben ser gratuitos.

c) Solo serán gratuitos cuando lo disponga una norma legal o reglamentaria.

d) Serán gratuitos únicamente para pacientes hospitalizados.

10. ¿Quién es el titular principal del derecho a la información asistencial?

a) El médico responsable.
b) El paciente.
c) El representante legal siempre.
d) El centro sanitario.

En MADTEST tienes **más preguntas de este tema**, y todos tus avances quedan registrados y se reflejan en el ranking.

¡Supera tus límites con MADTEST!

Solución al test n.º 5

1. b) Es una normativa básica.

2. c) Seis capítulos.

3. b) Una conformidad libre, voluntaria y consciente del paciente tras recibir información adecuada.

4. c) El conjunto de documentos con datos e informaciones sobre la evolución clínica de un paciente.

5. b) La persona que utiliza los servicios sanitarios de prevención, educación y promoción de la salud.

6. b) La dignidad de la persona y respeto a su intimidad.

7. a) Derecho a conocer toda la información sobre su salud, salvo excepciones legales.

8. b) Derecho a que la información epidemiológica sea comprensible y adecuada.

9. c) Solo serán gratuitos cuando lo disponga una norma legal o reglamentaria.

10. b) El paciente.

El Texto refundido de la Ley del estatuto básico del empleado público (aprobado por el Real decreto legislativo 5/2015, de 30 de octubre): derechos y deberes de los empleados públicos

1. ¿Qué ley aprobó inicialmente el Estatuto Básico del Empleado Público?

a) Ley 20/2014, de 29 de octubre.
b) Ley 7/2007, de 12 de abril.
c) Ley 3/2018, de 5 de diciembre.
d) Ley Orgánica 11/1985, de 2 de agosto.

2. ¿Qué norma derogó expresamente la Ley 7/2007 del EBEP?

a) Real Decreto Legislativo 5/2015.
b) Ley 30/1984.
c) Real Decreto 315/1964.
d) Ley 2/2012, de 29 de junio.

3. ¿Cuántos artículos contiene el Texto Refundido de la Ley del EBEP?

a) 54.
b) 68.
c) 100.
d) 120.

4. ¿En qué título se regulan las situaciones administrativas de los empleados públicos?

a) Título IV.
b) Título VI.
c) Título II.
d) Título VIII.

5. ¿Qué derecho asegura que un funcionario de carrera no pierda su condición salvo sanción muy grave?

a) Derecho a la jubilación.
b) Derecho a la inamovilidad.
c) Derecho a la libertad sindical.
d) Derecho a la promoción interna.

6. ¿A qué personal NO se aplica el derecho a la inamovilidad en la condición de funcionario?

a) Funcionarios de carrera.
b) Funcionarios interinos.
c) Funcionarios de carrera en prácticas.
d) Funcionarios con plaza fija.

7. ¿Qué derecho incluye la desconexión digital de los empleados públicos?

a) Derecho a la conciliación familiar.
b) Derecho a la intimidad en el uso de dispositivos digitales.
c) Derecho a la libre asociación profesional.
d) Derecho a recibir retribuciones.

8. ¿Qué artículo del TR-LEBEP reconoce los derechos colectivos?

a) Artículo 22.
b) Artículo 55.
c) Artículo 15.
d) Artículo 32.

9. ¿Qué concepto define el artículo 16.1 del TR-LEBEP?

a) Carrera profesional.
b) Régimen disciplinario.
c) Situaciones administrativas.
d) Provisión de puestos.

10. ¿Qué principios inspiran la carrera profesional?

a) Igualdad, mérito y capacidad.
b) Imparcialidad y objetividad.
c) Transparencia y publicidad.
d) Libertad sindical.

11. La carrera horizontal consiste en:

a) Cambiar de puesto de trabajo por ascenso.
b) Progresión sin cambiar de puesto.
c) Acceso a otro subgrupo superior.
d) Movilidad geográfica.

12. ¿Cómo se inicia la carrera profesional de los funcionarios de carrera?

a) Con la asignación de la plaza inicial tras superar el proceso selectivo.
b) Con la promoción interna.
c) Con la libre designación.
d) Con el ascenso automático al grado superior.

13. ¿Qué se debe valorar en la carrera horizontal según el TR-LEBEP?

a) La asistencia puntual.
b) La trayectoria y actuación profesional.
c) Solo la antigüedad.
d) El número de bajas médicas.

14. Según el artículo 54, ¿qué comportamiento deben observar respecto a regalos o favores?

a) Aceptarlos siempre que no superen 50 euros.
b) Rechazarlos si van más allá de la cortesía.
c) Aceptarlos como reconocimiento.
d) Declararlos y conservarlos.

15. ¿Qué principio debe regir los procesos de promoción interna?

a) Subjetividad técnica.
b) Igualdad, mérito y capacidad.
c) Exclusividad de méritos personales.
d) Antigüedad automática.

16. ¿Qué antigüedad mínima se exige para la promoción interna?

a) 1 año.
b) 2 años.
c) 3 años.
d) 5 años.

17. ¿Qué finalidad tiene la evaluación del desempeño?

a) Reducir costes de personal.
b) Mejorar productividad y calidad del servicio.

c) Seleccionar personal eventual.
d) Asignar vacaciones.

18. ¿Qué principio NO se incluye en la evaluación del desempeño?

a) Transparencia.
b) Objetividad.
c) No discriminación.
d) Exclusividad sindical.

19. ¿Qué retribuciones básicas se incluyen según el TR-LEBEP?

a) Sueldo y trienios.
b) Gratificaciones y dietas.
c) Complementos específicos.
d) Productividad.

20. ¿Cuántas pagas extraordinarias corresponden a los funcionarios?

a) Una anual.
b) Dos anuales.
c) Tres anuales.
d) Cuatro anuales.

En MADTEST tienes **más preguntas de este tema**, y todos tus avances quedan registrados y se reflejan en el ranking.

¡Supera tus límites con MADTEST!

Solución al test n.º 6

1. b) Ley 7/2007, de 12 de abril.

2. a) Real Decreto Legislativo 5/2015.

3. c) 100.

4. b) Título VI.

5. b) Derecho a la inamovilidad.

6. b) Funcionarios interinos.

7. b) Derecho a la intimidad en el uso de dispositivos digitales.

8. c) Artículo 15.

9. a) Carrera profesional.

10. a) Igualdad, mérito y capacidad.

11. b) Progresión sin cambiar de puesto.

12. a) Con la asignación de la plaza inicial tras superar el proceso selectivo.

13. b) La trayectoria y actuación profesional.

14. b) Rechazarlos si van más allá de la cortesía.

15. b) Igualdad, mérito y capacidad.

16. b) 2 años.

17. b) Mejorar productividad y calidad del servicio.

18. d) Exclusividad sindical.

19. a) Sueldo y trienios.

20. b) Dos anuales.

TEST N.º 7

**La Ley 55/2003, de 16 de noviembre,
del estatuto marco del personal estatutario:
clasificación del personal estatutario; derechos y deberes;
adquisición y pérdida de la condición de personal estatutario;
provisión de plazas y selección; promoción interna;
movilidad del personal; retribuciones; jornada de trabajo;
permisos y licencias; situaciones del personal estatutario**

1. Según establece el art. 8 de la Ley 55/2003, de 16 de diciembre, del Estatuto Marco de los Servicios de Salud, es personal estatutario fijo:

a) El que una vez superado el correspondiente proceso selectivo, obtiene un nombramiento para el desempeño, con carácter permanente, de las funciones que de tal nombramiento se deriven.

b) Todo el personal al servicio de los Servicios de Salud.

c) El personal que realice una prestación de servicios determinados de naturaleza temporal, coyuntural o extraordinaria.

d) El personal en posesión de un contrato laboral indefinido.

2. Conforme al artículo 9.1 del Estatuto Marco (en redacción dada por el Real Decreto-ley 12/2022, de 5 de julio, por el que se modifica la Ley 55/2003, de 16 de diciembre, del Estatuto Marco del personal estatutario de los servicios de salud) los nombramientos del Personal Estatutario Temporal de los Servicios de Salud serán:

a) Únicamente de Personal Estatutario Sanitario.

b) Personal Estatutario Contratado.

c) De interinidad.

d) Como Personal Laboral.

3. En el supuesto de existencia de plaza vacante, son estatutarios interinos los que, por razones expresamente justificadas de necesidad y urgencia, son nombrados como tales con carácter temporal para el desempeño de funciones propias de estatutarios, cuando no sea posible su cobertura por personal estatutario fijo, durante un plazo máximo de:

a) Dos años.
b) Tres años.
c) Cuatros años.
d) Seis años.

4. Podrá concurrir a las pruebas selectivas, por el sistema de promoción interna, el personal estatutario fijo que se encuentre en servicio activo y con nombramiento como personal estatutario fijo, en la categoría de procedencia, durante al menos:

a) 2 años.
b) 3 años.
c) 4 años.
d) 5 años.

5. Quienes no acrediten, una vez superado el proceso selectivo, que reúnen los requisitos y condiciones exigidos en la convocatoria:

a) No podrán ser nombrados hasta que subsanen el defecto.
b) No podrán ser nombrados, y quedarán sin efecto sus actuaciones.
c) Podrán ser nombrados de forma condicional.
d) Una vez superado el proceso selectivo, se entiende que reúne los requisitos exigidos, salvo prueba en contrario.

6. Según el Estatuto Marco, la selección de personal estatutario fijo se efectuará con carácter general a través del sistema de:

a) Oposición.
b) Concurso-oposición.
c) Concurso.
d) Pruebas selectivas.

7. El personal estatutario de los servicios de salud tiene el deber de:

a) Participar en la elaboración de los convenios colectivos.
b) Realizar sus funciones fuera del horario y jornada habitual.
c) Realizar actividades sindicales.
d) Respetar la Constitución, el Estatuto de Autonomía correspondiente y el resto del ordenamiento jurídico.

8. Según el Estatuto Marco, siempre que la duración de la jornada exceda de seis horas continuadas, deberá establecerse un periodo de descanso durante la misma de al menos:

a) 10 minutos.
b) 15 minutos.
c) 20 minutos.
d) 30 minutos.

9. Es una retribución básica del personal estatutario:

a) El complemento de destino.
b) El complemento de carrera.
c) Las pagas extraordinarias.
d) El complemento de productividad.

10. La especial dificultad técnica, dedicación, responsabilidad, incompatibilidad, peligrosidad o penosidad de algunos puestos de trabajo del Personal Estatutario, se retribuye a través del:

a) Complemento de destino.
b) Complemento de atención continuada.
c) Complemento específico.
d) Complemento de productividad.

11. Para poder obtener la excedencia voluntaria por interés particular es necesario haber prestado servicios efectivos en cualquiera de las Administraciones Públicas durante:

a) Los cinco años inmediatamente anteriores.
b) Los cuatro años inmediatamente anteriores.
c) El año inmediatamente anterior.
d) No se exige periodo mínimo de prestación efectiva de servicios.

12. Las Comunidades Autónomas, en el ámbito de sus competencias, determinarán la limitación máxima de la jornada a tiempo parcial respecto a la jornada completa, con el límite máximo del:

a) El 80 % de la jornada ordinaria, en cómputo anual, o del que proporcionalmente corresponda si se trata de nombramiento temporal de menor duración.
b) El 75 % de la jornada ordinaria, en cómputo anual, o del que proporcionalmente corresponda si se trata de nombramiento temporal de menor duración.
c) El 70 % de la jornada ordinaria, en cómputo anual, o del que proporcionalmente corresponda si se trata de nombramiento temporal de menor duración.
d) El 50 % de la jornada ordinaria, en cómputo anual, o del que proporcionalmente corresponda si se trata de nombramiento temporal de menor duración.

13. El Estatuto Marco del personal estatutario considera a este personal como titular de una relación:

a) Funcionarial común.
b) Laboral común.
c) Estatutaria de la Seguridad Social.
d) Funcionarial especial.

14. Cuando de un procedimiento de movilidad se derive cambio del servicio de salud de destino, el Estatuto Marco establece un plazo posesorio de:

a) Un mes.
b) Treinta días.
c) Quince días.
d) Diez días.

15. Según el Estatuto Marco del personal estatutario, la situación de excedencia voluntaria por interés particular obliga a un periodo mínimo de permanencia en ella de:

a) Un año.
b) Dos años.
c) Doce meses.
d) No establece periodo mínimo.

En MADTEST tienes **más preguntas de este tema**, y todos tus avances quedan registrados y se reflejan en el ranking.

¡Supera tus límites con MADTEST!

Solución al test n.º 7

1. a) El que, una vez superado el correspondiente proceso selectivo, obtiene un nombramiento para el desempeño, con carácter permanente, de las funcionales que de tal nombramiento se deriven.

2. c) De interinidad.

3. b) Tres años

4. a) 2 años.

5. b) No podrán ser nombrados, y quedarán sin efecto sus actuaciones.

6. b) Concurso-oposición.

7. d) Respetar la Constitución, el Estatuto de Autonomía correspondiente y el resto del ordenamiento jurídico.

8. b) 15 minutos.

9. c) Las pagas extraordinarias.

10. c) Complemento específico.

11. a) Los cinco años inmediatamente anteriores.

12. b) El 75 % de la jornada ordinaria, en cómputo anual, o del que proporcionalmente corresponda si se trata de nombramiento temporal de menor duración.

13. d) Funcionarial especial.

14. a) Un mes.

15. b) Dos años.

TEST N.º 8

La Ley 11/2016, de 28 de julio, de igualdad de mujeres y hombres: objeto, ámbito de aplicación y principios generales; medidas para promover la igualdad y áreas de intervención en el ámbito de la salud. La Ley orgánica 1/2004, de 28 de diciembre, de medidas de protección integral contra la violencia de género: ámbito de aplicación; tutela institucional; derechos de las mujeres víctimas de violencia de género

1. ¿Qué carácter otorga la Ley 5/2000, del Instituto Balear de la Mujer, al derecho fundamental a la igualdad?

a) Únicamente subjetivo.
b) Exclusivamente político.
c) Subjetivo y también objetivo, como componente estructural del ordenamiento jurídico.
d) Un derecho privado entre particulares.

2. ¿Cuál es la finalidad de la Ley 11/2016, de 28 de julio?

a) Hacer efectivo el derecho a la igualdad real y efectiva de mujeres y hombres.
b) Limitar la discriminación únicamente en el trabajo.
c) Regular el derecho a la nacionalidad de las mujeres extranjeras.
d) Garantizar la igualdad en el deporte exclusivamente.

3. ¿Qué establece la Ley 11/2016 en relación con el lenguaje?

a) El fomento del lenguaje técnico y especializado.
b) La obligación de usar lenguaje exclusivamente neutro.
c) La adopción de medidas para un uso no sexista del lenguaje y evitar la invisibilidad de las mujeres.
d) La eliminación de términos femeninos en documentos oficiales.

4. Según la Ley 11/2016, ¿qué principio se enmarca dentro de las actuaciones de los poderes públicos de las Illes Balears?

a) La garantía de acceso preferente de las mujeres a cargos públicos.

b) La adopción de medidas necesarias para erradicar la violencia machista y todas sus formas.

c) El reconocimiento del derecho de los hombres a la corresponsabilidad familiar como derecho subjetivo.

d) La prioridad de la igualdad formal sobre la igualdad real.

5. ¿Cuál de las siguientes afirmaciones sobre el ámbito de aplicación de la Ley 11/2016 es correcta?

a) Se aplica exclusivamente a la Administración autonómica y a los consejos insulares.

b) Incluye a la Universidad de las Illes Balears como parte de las administraciones públicas.

c) No alcanza a las personas jurídicas privadas.

d) Solo se aplica al ámbito sanitario.

6. Respecto al uso del lenguaje, la Ley 11/2016 dispone que:

a) Se debe promover el uso de un lenguaje técnico neutral.

b) Es obligatorio un uso no sexista del lenguaje, evitando la invisibilidad de las mujeres.

c) Solo debe garantizarse en textos legales, no en materiales divulgativos.

d) Cada organismo público decidirá discrecionalmente si lo aplica.

7. En materia de salud, la Ley 11/2016 establece que los diagnósticos y tratamientos deberán:

a) Considerar únicamente factores biológicos.

b) Incluir el principio de igualdad y las diferencias de sexo y género.

c) Excluir la variable de género para garantizar objetividad científica.

d) Aplicarse de forma idéntica a mujeres y hombres sin matices.

8. ¿Qué principio rige la composición de los órganos de representación y decisión según la Ley 11/2016?

a) Mayoría femenina en todos los órganos.

b) Rotación obligatoria entre sexos en cargos de alta dirección.

c) Limitación del acceso de hombres a los órganos de representación.

d) Equilibrio entre mujeres y hombres, de acuerdo con la Ley electoral autonómica.

9. ¿Cuál de los siguientes enunciados refleja mejor el principio de empoderamiento recogido en la Ley 11/2016?

a) La integración de las mujeres en todas las políticas públicas para lograr la igualdad.

b) La promoción de la participación masculina en la economía del cuidado.

c) La sustitución de políticas universales por programas exclusivos para mujeres.

d) El fortalecimiento del derecho formal a la igualdad sin medidas prácticas.

10. ¿Qué principio regula la Ley 11/2016 en relación con el sector primario?

a) La exclusión de mujeres en este sector por razones tradicionales.

b) La promoción del acceso a recursos y participación en igualdad de condiciones de las mujeres.

c) La limitación del trabajo femenino al ámbito agrícola.

d) La creación de cooperativas exclusivamente femeninas.

11. En materia de imagen de las mujeres y hombres, la Ley 11/2016 exige:

a) Una representación diferenciada según roles tradicionales.

b) Una imagen fundamentada en la igualdad en todos los ámbitos públicos y privados.

c) Campañas públicas exclusivas para visibilizar el papel de las mujeres.

d) Evitar la representación conjunta de mujeres y hombres en medios públicos.

12. A efectos de la Ley 11/2016, cómo se denomina al asesinato de mujeres por el hecho de ser mujeres, al margen de que exista o haya existido relación de pareja:

a) Violencia física.

b) Violencia sexual.

c) Violencia simbólica.

d) Feminicidio.

13. La aplicación de la Ley Orgánica 1/2004, de 28 de diciembre:

a) No supone la existencia necesariamente de convivencia entre la víctima y el agresor.

b) Supone que en algún momento anterior haya existido convivencia entre la víctima y el agresor.

c) Supone la convivencia, al menos en el momento del hecho, entre la víctima y el agresor.

d) Supone siempre la inexistencia de convivencia entre la víctima y el agresor.

14. Las medidas de protección integral de la Ley Orgánica 1/2004, de 28 de diciembre:

a) No tienen finalidad sancionadora.

b) Su finalidad es esencialmente reparadora.

c) Tienen finalidad previsora y sancionadora.

d) Tienen finalidad prioritariamente sancionadora.

15. La violencia de género a que se refiere la Ley Orgánica 1/2004, de 28 de diciembre:

a) Comprende excepcionalmente la violencia psicológica.

b) Comprende la violencia psicológica siempre que vaya unida a la violencia física.

c) Excluye la violencia psicológica.
d) Incluye la violencia psicológica por sí.

16. La LO 1/2004 tiene por objeto:

a) Actuar contra la violencia que, como manifestación de la discriminación, la situación de desigualdad y las relaciones de poder de los hombres sobre las mujeres, se ejerce sobre éstas por parte de quienes sean o hayan sido sus cónyuges o de quienes estén o hayan estado ligados a ellas por relaciones similares de afectividad, aun sin convivencia.

b) Actuar contra la violencia que, como manifestación de la discriminación, la situación de desigualdad y las relaciones de poder de los hombres sobre las mujeres, se ejerce sobre éstas por parte de quienes sean o hayan sido sus cónyuges o de quienes estén o hayan estado ligados a ellas por relaciones similares de afectividad, siempre que exista convivencia.

c) Actuar contra la violencia que, como manifestación de la discriminación, la situación de desigualdad y las relaciones de poder de los hombres sobre las mujeres, se ejerce sobre éstas por parte de quienes sean sus cónyuges o de quienes estén ligados a ellas por relaciones similares de afectividad, siempre que exista convivencia.

d) Actuar contra la violencia que, como manifestación de la discriminación, la situación de desigualdad y las relaciones de poder de los hombres sobre las mujeres, se ejerce sobre éstas por parte de quienes sean sus cónyuges o de quienes estén ligados a ellas por relaciones similares de afectividad, aun sin convivencia.

17. Conforme al artículo 2 de la LO 1/2004, un principio rector de esta ley es consagrar los derechos de las mujeres víctimas de violencia de género exigibles ante las Administraciones Públicas, y así asegurar un acceso a los servicios establecidos al efecto, rápido, transparente y:

a) Eficaz.
b) Duradero.
c) Seguro.
d) Económico.

18. Según el artículo 2 de la LO 1/2004, uno de los fines a alcanzar a través del conjunto integral de medidas articulado en esta ley es, garantizar derechos económicos para las mujeres víctimas de violencia de género:

a) Así como establecer un sistema para la más eficaz coordinación de los servicios ya existentes a nivel municipal y autonómico.
b) Para asegurar la prevención de los hechos de violencia de género.
c) Con el fin de facilitar su integración social.
d) Promoviendo la colaboración y participación de las entidades, asociaciones y organizaciones que desde la sociedad civil actúan contra la violencia de género.

19. La Ley Orgánica 1/2004, de 28 de diciembre tiene como objetivo establecer un sistema integral de tutela institucional:

a) Por parte de la Administración Estatal y de las Administraciones de las Comunidades Autónomas que tengan competencia sobre la materia, así como de las Entidades Locales.
b) Por parte de las Cortes y de las Asambleas Legislativas de las Comunidades Autónomas.
c) Por parte de la Administración General del Estado.
d) Por parte de la Administración Estatal y de las Administraciones de las Comunidades Autónomas.

20. A las trabajadoras por cuenta propia víctimas de violencia de género que cesen en su actividad para hacer efectiva su protección o su derecho a la asistencia social integral, se les suspenderá la obligación de cotización durante un período que les será considerado como de cotización efectiva a efectos de las prestaciones de Seguridad Social, de:

a) 6 meses.
b) 9 meses.
c) 1 año.
d) 18 meses.

En MADTEST tienes **más preguntas de este tema**, y todos tus avances quedan registrados y se reflejan en el ranking.

¡Supera tus límites con MADTEST!

Solución al test n.º 8

1. c) Subjetivo y también objetivo, como componente estructural del ordenamiento jurídico.

2. a) Hacer efectivo el derecho a la igualdad real y efectiva de mujeres y hombres.

3. c) La adopción de medidas para un uso no sexista del lenguaje y evitar la invisibilidad de las mujeres.

4. b) La adopción de medidas necesarias para erradicar la violencia machista y todas sus formas.

5. b) Incluye a la Universidad de las Illes Balears como parte de las administraciones públicas.

6. b) Es obligatorio un uso no sexista del lenguaje, evitando la invisibilidad de las mujeres.

7. b) Incluir el principio de igualdad y las diferencias de sexo y género.

8. d) Equilibrio entre mujeres y hombres, de acuerdo con la Ley electoral autonómica.

9. a) La integración de las mujeres en todas las políticas públicas para lograr la igualdad.

10. b) La promoción del acceso a recursos y participación en igualdad de condiciones de las mujeres.

11. b) Una imagen fundamentada en la igualdad en todos los ámbitos públicos y privados.

12. d) Feminicidio.

13. a) No supone la existencia necesariamente de convivencia entre la víctima y el agresor.

14. c) Tienen finalidad previsora y sancionadora.

15. d) Incluye la violencia psicológica por sí.

16. a) Actuar contra la violencia que, como manifestación de la discriminación, la situación de desigualdad y las relaciones de poder de los hombres sobre las mujeres, se ejerce sobre éstas por parte de quienes sean o hayan sido sus cónyuges o de quienes estén o hayan estado ligados a ellas por relaciones similares de afectividad, aun sin convivencia.

17. a) Eficaz.

18. c) Con el fin de facilitar su integración social.

19. c) Por parte de la Administración General del Estado.

20. a) 6 meses.

TEST N.º 9

**La Ley 31/1995, de 8 de noviembre, de prevención
de riesgos laborales: conceptos básicos; derechos y
obligaciones en materia de seguridad en el trabajo;
organización de la prevención de riesgos en el ámbito sanitario**

1. Los representantes de los trabajadores con competencia en materia de prevención de riesgos laborales son:

a) Los miembros de la Junta de personal, Junta Facultativo y Junta de Enfermería.
b) Los técnicos de prevención de riesgos laborales.
c) El Servicio de Medicina Preventiva.
d) Los delegados de prevención.

2. ¿Qué se entiende por "riesgo laboral"?

a) La posibilidad de que un trabajador sufra un determinado daño derivado del trabajo.
b) La posibilidad de que un trabajador sufra una enfermedad en el trabajo.
c) La posibilidad de que un trabajador sufra acoso.
d) El riesgo que supone el ir a trabajar.

3. ¿Quién debe garantizar a los trabajadores la vigilancia periódica de su estado de salud en función de los riesgos inherentes al trabajo?

a) La Inspección de Trabajo.
b) El propio trabajador.
c) El empresario.
d) Las secciones sindicales.

4. El derecho básico reconocido a los trabajadores por la Ley 31/1995, de 8 de noviembre, es:

a) La vigilancia de su estado de salud.
b) Una protección eficaz en materia de seguridad y salud en el trabajo.
c) La formación en materia preventiva.
d) La información, consulta y participación.

5. Indicar cuál es la definición de prevención:

a) La probabilidad racional de que un riesgo se materialice de forma inminente.

b) El estudio de los procesos potencialmente peligrosos para el trabajo.

c) Conjunto de actividades o medidas adoptadas o previstas en todas las fases de actividad de la empresa con el fin de evitar o disminuir los riesgos derivados del trabajo.

d) Posibilidad de que un trabajador sufra un determinado daño derivado del trabajo.

6. Señala la respuesta incorrecta:

a) La Ley de Prevención de Riesgos Laborales se aplica a los operativos de Seguridad civil en casos de catástrofe.

b) La Ley de Prevención de Riesgos Laborales se aplica a las sociedades cooperativas.

c) En el ámbito de la relación laboral de carácter especial del servicio del hogar familiar, las personas trabajadoras tienen derecho a una protección eficaz en materia de seguridad y salud en el trabajo.

d) En los establecimientos penitenciarios, se adaptarán a la Ley de Prevención de Riesgos Laborales aquellas actividades cuyas características justifiquen una regulación especial.

7. ¿Cuál es la vigente Ley de Prevención de Riesgos Laborales?

a) Ley 32/1995, de 8 de noviembre.

b) Ley 30/1996, de 8 de noviembre.

c) Ley 31/1995, de 6 de noviembre.

d) Ley 31/1995, de 8 de noviembre.

8. Entre los principios de la acción preventiva recogidos por el artículo 15 de la Ley de Prevención de Riesgos Laborales, no figura:

a) Evitar los riesgos.

b) Evaluar los riesgos que se puedan evitar.

c) Tener en cuenta la evolución de la técnica.

d) Dar las debidas instrucciones a los trabajadores.

9. ¿Cuántos delegados de prevención se deberán elegir en empresas entre 3001 y 4000 trabajadores?

a) 5.

b) 6.

c) 7.

d) 8.

10. En las empresas de hasta 30 trabajadores el Delegado de Prevención será:

a) El propio empresario.

b) El trabajador más antiguo.

c) El trabajador de mayor cualificación.
d) El delegado de personal.

11. Según la Ley de Prevención de Riesgos Laborales, se constituirá un Comité de Seguridad y Salud en todas las empresas o centros de trabajo que cuenten con:

a) 30 o más trabajadores.
b) 50 o más trabajadores.
c) 75 o más trabajadores.
d) 100 o más trabajadores.

12. Entre las obligaciones de los trabajadores recogidas por la Ley de Prevención de Riesgos Laborales, no figura:

a) Informar directamente al empresario de cualquier situación que entrañe riesgo para la seguridad o salud de los trabajadores.
b) Contribuir al cumplimiento de las obligaciones establecidas por la autoridad competente con el fin de proteger la seguridad y la salud de los trabajadores en el trabajo.
c) Cooperar con el empresario para que este pueda garantizar unas condiciones de trabajo que sean seguras y no entrañen riesgos para la seguridad y la salud de los trabajadores.
d) Utilizar correctamente los medios y equipos de protección facilitados por el empresario, de acuerdo con las instrucciones recibidas de este.

13. La Ley 31/1995, de 8 de noviembre, de Prevención de Riesgos Laborales, ¿se aplica a los empleados de la Administración Pública?

a) Sí, sin distinciones.
b) A los funcionarios sí, al personal laboral no.
c) Al personal laboral sí, a los funcionarios no.
d) No se aplica ni a funcionarios ni a personal laboral.

14. El órgano paritario y colegiado de participación destinado a la consulta regular y periódica de las actuaciones de la empresa en materia de prevención de riesgos, es:

a) El Comité de Empresa.
b) El Consejo de Vigilancia de la Prevención.
c) La Comisión de Evaluación de Riesgos Laborales.
d) El Comité de Seguridad y Salud.

15. ¿Qué capítulo de la Ley 31/1995, de Prevención de Riesgos Laborales se refiere a los derechos y obligaciones?

a) Capítulo 2.
b) Capítulo 3.

c) Capítulo 4.
d) Capítulo 5.

16. La acción preventiva en la empresa:

a) Se planificará por el Comité de Seguridad y Salud a partir de una evaluación inicial de riesgos.
b) Se planificará por los Delegados de Prevención a partir de una evaluación inicial de riesgos.
c) Se planificará por el empresario a partir de una evaluación inicial de riesgos.
d) Se planificará por los Delegados de Personal a partir de una evaluación inicial de riesgos.

17. ¿Cuándo se deben utilizar los equipos de protección individual?

a) Siempre.
b) Cuando los riesgos no hayan sido evaluados.
c) Cuando los riesgos no se puedan evitar o no puedan limitarse.
d) Cuando el trabajador lo estime oportuno.

18. Cuando los trabajadores estén expuestos a un riesgo grave e inminente con ocasión de su trabajo, y el empresario no adopte o no permita la adopción de las medidas necesarias para garantizar la seguridad y la salud de los trabajadores, la Ley 31/1995, de 8 de noviembre, de Prevención de Riesgos Laborales prevé:

a) Los trabajadores afectados podrán paralizar la actividad.
b) El órgano de representación del personal instará formalmente al empresario a la adopción de las medidas necesarias.
c) Los Delegados de Prevención lo comunicarán a la autoridad laboral, que adoptará las medidas necesarias.
d) El órgano de representación de personal podrá acordar la paralización de la actividad.

19. ¿Pueden los trabajadores efectuar propuestas al empresario y a los órganos de participación para mejorar los niveles de protección de la seguridad y salud en la empresa?

a) No.
b) Sí.
c) Según el tamaño de la empresa.
d) Según el número de trabajadores.

20. Según establece el art. 4 de la Ley 31/1995, de 8 de noviembre, de Prevención de Riesgos Laborales, se define como daños derivados del trabajo:

a) La posibilidad de que un trabajador sufra un determinado daño derivado del trabajo.

b) El que resulte probable racionalmente que se materialice en un futuro inmediato y pueda suponer un daño grave para la salud de los trabajadores.

c) Las enfermedades, patologías o lesiones sufridas con motivo u ocasión del trabajo.

d) Cualquier máquina, aparato, instrumento o instalación utilizada en el trabajo.

En MADTEST tienes **más preguntas de este tema**, y todos tus avances quedan registrados y se reflejan en el ranking.

¡Supera tus límites con MADTEST!

Solución al test n.º 9

1. d) Los delegados de prevención.

2. a) La posibilidad de que un trabajador sufra un determinado daño derivado del trabajo.

3. c) El empresario.

4. b) Una protección eficaz en materia de seguridad y salud en el trabajo.

5. c) Conjunto de actividades o medidas adoptadas o previstas en todas las fases de actividad de la empresa con el fin de evitar o disminuir los riesgos derivados del trabajo.

6. a) La Ley de Prevención de Riesgos Laborales se aplica a los operativos de Seguridad civil en casos de catástrofe.

7. d) Ley 31/1995, de 8 de noviembre.

8. b) Evaluar los riesgos que se puedan evitar.

9. c) 7.

10. d) El delegado de personal.

11. b) 50 o más trabajadores.

12. a) Informar directamente al empresario de cualquier situación que entrañe riesgo para la seguridad o salud de los trabajadores.

13. a) Sí, sin distinciones.

14. d) El Comité de Seguridad y Salud.

15. b) Capítulo 3.

16. c) Se planificará por el empresario a partir de una evaluación inicial de riesgos.

17. c) Cuando los riesgos no se puedan evitar o no puedan limitarse.

18. d) El órgano de representación de personal podrá acordar la paralización de la actividad.

19. b) Sí.

20. c) Las enfermedades, patologías o lesiones sufridas con motivo u ocasión del trabajo.

La Ley orgánica 3/2018, de 5 de diciembre, de protección de datos personales y garantías de los derechos digitales: disposiciones generales, principios de protección de datos y derechos de las personas

1. El artículo 18.1 de la Constitución Española garantiza el derecho al honor, a la intimidad personal y familiar y a:

a) La protección de datos de carácter personal.
b) La confidencialidad.
c) La propia imagen.
d) El secreto profesional.

2. Los datos personales obtenidos a partir de un tratamiento técnico específico, relativos a las características físicas, fisiológicas o conductuales de una persona física que permitan o confirmen la identificación única de dicha persona, como imágenes faciales o datos dactiloscópicos, se denominan:

a) Datos corporales.
b) Datos naturales.
c) Datos genéticos.
d) Datos biométricos.

3. ¿En virtud de qué principio previsto por el Reglamento General de Protección de Datos, los datos personales serán adecuados, pertinentes y limitados a lo necesario en relación con los fines para los que son tratados?

a) Principio de exactitud.
b) Principio de limitación de la finalidad.
c) Principio de responsabilidad proactiva.
d) Principio de minimización de datos.

4. En relación al consentimiento del interesado al tratamiento de datos de carácter personal, es cierto que:

a) En ningún caso se puede obligar a nadie a facilitar sus datos.
b) El consentimiento ha de ser previo a la información sobre el tratamiento.
c) Si se puede consentir libremente, del mismo modo, se puede retirar el consentimiento.
d) La solicitud del consentimiento deberá ir referida a todos los tratamientos que se puedan dar en un plazo determinado.

5. El derecho a la portabilidad de los datos:

a) Se podrá aplicar a los tratamientos que sean necesario para el cumplimiento de una misión realizada en interés público o en el ejercicio de poderes públicos conferidos al responsable del tratamiento.
b) A diferencia de otros derechos, podrá afectar negativamente a los derechos y libertades de otros.
c) Supone la obligación de que, en todo caso, los datos personales se transmitan directamente de responsable a responsable.
d) Requiere que el tratamiento se efectúe por medios automatizados.

6. Conforme al RGPD, ¿puede facilitarse la información al interesado de forma verbal?

a) No, en ningún caso.
b) Sí, siempre que lo solicite el interesado.
c) Sí, en cualquier caso siempre que se demuestre la identidad del interesado por otros medios.
d) Sí, cuando lo solicite el interesado y se pueda demostrar su identidad por otros medios.

7. Conforme al artículo 17 del RGPD, el derecho de supresión no se podrá aplicar cuando:

a) Los datos personales ya no sean necesarios en relación con los fines para los que fueron recogidos o tratados de otro modo.
b) Los datos personales se hayan obtenido en relación con la oferta de servicios de la sociedad de la información.
c) Los datos personales hayan sido tratados ilícitamente.
d) Los datos personales sean necesarios para ejercer el derecho a la libertad de expresión e información.

8. Conforme al artículo 18 del RGPD, el interesado tendrá derecho a obtener del responsable del tratamiento la limitación del tratamiento de los datos:

a) Cuando los datos personales ya no sean necesarios en relación con los fines para los que fueron recogidos o tratados de otro modo.
b) Para que el interesado pueda ejercer el derecho a la libertad de expresión e información.

c) Cuando el interesado impugne la exactitud de los datos personales, durante un plazo que permita al responsable verificar la exactitud de los mismos.

d) Por razones de interés público en el ámbito de la salud pública.

9. En relación al derecho de portabilidad, es cierto que:

a) El ejercicio de este derecho impide el ejercicio del derecho de supresión.

b) Al ejercer su derecho a la portabilidad de los datos, el interesado tendrá que transmitir los datos directamente al nuevo responsable de los mismos.

c) Se aplicará al tratamiento que sea necesario para el cumplimiento de una misión realizada en interés público o en el ejercicio de poderes públicos conferidos al responsable del tratamiento.

d) No podrá afectar negativamente a los derechos y libertades de otros.

10. Cuando los plazos se señalen por días en el RGPD o en la LO 3/2018, se entiende que estos:

a) Son naturales.

b) Son hábiles, de lunes a sábado; excluyéndose del cómputo los domingos y los declarados festivos.

c) Son naturales; excluyéndose del cómputo los declarados festivos.

d) Son hábiles, excluyéndose del cómputo los sábados, los domingos y los declarados festivos.

11. El RGPD considera "destinatario":

a) A la persona física o jurídica, autoridad pública, servicio u otro organismo al que se comuniquen datos personales, siempre que se trate de un tercero.

b) A la persona física o jurídica, autoridad pública, servicio u otro organismo al que se comuniquen datos personales, se trate o no de un tercero.

c) A la autoridad pública que pueda recibir datos personales en el marco de una investigación concreta de conformidad con el Derecho de la Unión o de los Estados miembros.

d) A la persona física o jurídica, autoridad pública, servicio u organismo distinto del interesado, del responsable del tratamiento, del encargado del tratamiento y de las personas autorizadas para tratar los datos personales bajo la autoridad directa del responsable o del encargado.

12. El RGPD denomina a la autoridad pública independiente establecida por un Estado miembro:

a) Agencia Nacional de Protección de Datos.
b) Representante.
c) Autoridad de control.
d) Autoridad de referencia.

13. ¿Cómo denomina el RGPD el tratamiento de datos personales de manera tal que ya no puedan atribuirse a un interesado sin utilizar información adicional, siempre que dicha información adicional figure por separado y esté sujeta a medidas técnicas y organizativas destinadas a garantizar que los datos personales no se atribuyan a una persona física identificada o identificable?

a) Seudonimización.
b) Anonimización.
c) Generalización.
d) Encriptación.

14. ¿Qué título de la LO 3/2018, de 5 de diciembre, de Protección de Datos Personales y garantía de los derechos digitales, se refiere a los principios de la protección de datos?

a) Título I.
b) Título II.
c) Título III.
d) Título IV.

15. Respecto a la naturaleza de la LO 3/ 2018, de 5 de diciembre, de Protección de Datos Personales y garantía de los derechos digitales:

a) Todo su articulado tiene carácter de ley orgánica.
b) Los títulos I a V tienen carácter de ley orgánica y los títulos restantes, carácter de ley ordinaria.
c) Los títulos I a X tienen carácter de ley orgánica, mientras que las disposiciones adicionales, transitorias, derogatoria y finales tienen carácter de ley ordinaria.
d) Algunos títulos, artículos y disposiciones tienen carácter de ley ordinaria.

16. Lo dispuesto en los Títulos I a IX y en los artículos 89 a 94 de la LO 3/2018 se aplica:

a) Al tratamiento no automatizado de datos personales contenidos o destinados a ser incluidos en un fichero.
b) A los tratamientos excluidos del ámbito del RGPD.
c) A los tratamientos de datos de personas fallecidas.
d) A los tratamientos sometidos a la normativa sobre protección de materias clasificadas.

17. Conforme al artículo 3 de la LO 3/2018, las personas vinculadas al fallecido por razones familiares o de hecho, así como sus herederos:

a) No podrán dirigirse al responsable o encargado del tratamiento para solicitar el acceso a los datos personales de aquella, si no es por vía judicial.
b) Solo podrán dirigirse al encargado del tratamiento, siempre que sea con objeto de rectificar datos manifiestamente falsos.

c) Podrán dirigirse al responsable o encargado del tratamiento siempre que sea con objeto de solicitar la supresión de los datos personales de aquella sin posibilidad de acceder a ellos.

d) Podrán dirigirse al responsable o encargado del tratamiento al objeto de solicitar el acceso a los datos personales de aquella y, en su caso, su rectificación o supresión.

18. Según el artículo 6.2 de la Ley Orgánica 3/2018 de Protección de Datos Personales y garantía de los derechos digitales, cuando se pretenda fundar el tratamiento de los datos en el consentimiento del afectado para una pluralidad de finalidades, será preciso que conste de manera específica e inequívoca que dicho consentimiento se otorga:

a) Por un periodo de tiempo.
b) Irrevocablemente.
c) Para todas ellas.
d) Por interés público.

19. Toda persona cuya identidad pueda determinarse, directa o indirectamente, en particular mediante un identificador, como por ejemplo un nombre, un número de identificación, datos de localización, un identificador en línea o uno o varios elementos propios de la identidad física, fisiológica, genética, psíquica, económica, cultural o social de dicha persona, se considerará persona física:

a) Identificable.
b) Fichada.
c) Legal.
d) Tratable.

20. Los datos personales serán tratados de tal manera que se garantice una seguridad adecuada de los mismos, incluida la protección contra el tratamiento no autorizado o ilícito y contra su pérdida, destrucción o daño accidental, mediante la aplicación de medidas técnicas u organizativas apropiadas; todo ello en virtud del principio de:

a) Responsabilidad proactiva.
b) Integridad y confidencialidad.
c) Limitación de la finalidad.
d) Licitud, lealtad y transparencia.

En MADTEST tienes **más preguntas de este tema**, y todos tus avances quedan registrados y se reflejan en el ranking.

¡Supera tus límites con MADTEST!

Solución al test n.º 10

1. c) La propia imagen.

2. d) Datos biométricos.

3. d) Principio de minimización de datos.

4. c) Si se puede consentir libremente, del mismo modo, se puede retirar el consentimiento.

5. d) Requiere que el tratamiento se efectúe por medios automatizados.

6. d) Sí, cuando lo solicite el interesado y se pueda demostrar su identidad por otros medios.

7. d) Los datos personales sean necesarios para ejercer el derecho a la libertad de expresión e información.

8. c) Cuando el interesado impugne la exactitud de los datos personales, durante un plazo que permita al responsable verificar la exactitud de los mismos.

9. d) No podrá afectar negativamente a los derechos y libertades de otros.

10. d) Son hábiles, excluyéndose del cómputo los sábados, los domingos y los declarados festivos.

11. b) A la persona física o jurídica, autoridad pública, servicio u otro organismo al que se comuniquen datos personales, se trate o no de un tercero.

12. c) Autoridad de control.

13. a) Seudonimización.

14. b) Título II.

15. c) Los títulos I a X tienen carácter de ley orgánica, mientras que las disposiciones adicionales, transitorias, derogatoria y finales tienen carácter de ley ordinaria.

16. a) Al tratamiento no automatizado de datos personales contenidos o destinados a ser incluidos en un fichero.

17. d) Podrán dirigirse al responsable o encargado del tratamiento al objeto de solicitar el acceso a los datos personales de aquella y, en su caso, su rectificación o supresión.

18. c) Para todas ellas.

19. a) Identificable.

20. b) Integridad y confidencialidad.

CONTENIDO ESPECÍFICO

TEST N.º 11

El trabajo de celador/celadora: funciones de la categoría profesional. Funciones específicas del celador / de la celadora en la UVI/UCI; normas de vestuario. Aseo de los pacientes: baño y ducha; pautas de higiene

1. ¿Cuál de las siguientes afirmaciones es correcta sobre el personal subalterno en la sanidad española?

a) El personal subalterno realiza tareas técnicas sin supervisión.
b) El personal subalterno se enmarca en una categoría homogénea.
c) Las funciones del personal subalterno dependen del puesto de trabajo ocupado y se realizan bajo supervisión.
d) En la sanidad española, el personal subalterno no se divide en escalas ni clases.

2. Los celadores/as, en el ejercicio de sus funciones:

a) Darán cuenta a los familiares y visitantes sobre diagnósticos, exploraciones y tratamientos.
b) Desempeñará tareas técnicas sanitarias específicas.
c) Harán los servicios de guardia que correspondan dentro de los turnos que se establezcan.
d) Hará cumplir las órdenes a sus compañeros.

3. Cuando el/la celador/a observe desperfectos o anomalías en la limpieza y conservación del edificio y material, lo deberá comunicar:

a) Al jefe de subalternos.
b) Al jefe de turnos.
c) Al personal de limpieza.
d) Al/a la responsable de planta o unidad donde ocurra el incidente.

4. Según el Estatuto de 1971, ¿cuál de las siguientes opciones describe correctamente las áreas de funciones del celador/a?

a) Las funciones del celador/a se dividen en tres áreas: guardia y vigilancia, cuidado del paciente, y tareas propias específicas.

b) Las funciones del celador/a solo se dividen en dos áreas: guardia y vigilancia, y cuidado del paciente.

c) Las funciones del celador/a se dividen en cuatro áreas: guardia y vigilancia, cuidado del paciente, tareas propias específicas, y administración.

d) Las funciones del celador/a no se dividen en áreas específicas.

5. Según el Estatuto de Personal no sanitario, ¿cuándo deberán los celadores realizar labores de limpieza de manera excepcional?

a) Nunca, no es función propia de un celador.

b) Cuando exista saturación de trabajo en el servicio en el que se encuentre y así se le encomiende.

c) Cuando su realización por el personal femenino no sea idónea o decorosa.

d) Cuando exista escasez de personal.

6. ¿Quién tendrá a su cargo a los enfermos durante el traslado, tanto dentro de la Institución como en el servicio de ambulancias?

a) El TCAE.

b) El/la enfermero/a responsable del paciente.

c) El/la médico/a de la unidad a la que pertenece el paciente.

d) El/la celador/a.

7. ¿En qué casos deberá el/la celador/a ayudar a los/as enfermeros/as y ayudantes de planta al movimiento y traslado de los enfermos/as encamados/as?

a) Siempre, esa es una de sus funciones primordiales.

b) Cuando requieran un trato especial en razón de sus dolencias para hacerles las camas.

c) Siempre que se le ordene desde admisión.

d) Cuando así lo solicite el/la paciente.

8. Una vez que ha terminado una autopsia, el/la celador/a deberá:

a) Limpiar la mesa pero no la sala, cuya limpieza corresponde al personal de limpieza.

b) Auxiliar a los técnicos haciendo uso del instrumental sobre el cadáver si fuera necesario.

c) Limpiar la mesa y la sala de autopsias.

d) Limpiar el cadáver haciendo uso de instrumental.

9. ¿Cuándo deberán ayudar los/as celadores/as en la práctica de autopsias?

a) Cuando el Jefe del Servicio no tenga ayudante.
b) Cuando le sea ordenado por la Supervisora de planta.
c) Deberá negarse porque no es función propia de su puesto.
d) Cuando sus funciones no requieran hacer uso de instrumental sobre el cadáver.

10. ¿Quién debe encomendar a los/as celadores/as que bañen a los enfermos masculinos encamados o que no puedan realizarlo por sí mismos?

a) El Jefe de Personal Subalterno.
b) Las Supervisoras de planta o servicio o personas que las sustituyan.
c) El/la enfermero/a de planta.
d) El TCAE.

11. ¿Quién delegará sus funciones en el jefe de personal subalterno?

a) La supervisora de enfermería.
b) El Jefe de Subalternos.
c) El Director de Gestión y Servicios Generales.
d) El Jefe de Personal de Oficio.

12. Es función del Jefe de Personal Subalterno:

a) Vigilar el comportamiento de pacientes y visitantes en la Institución.
b) Vigilar las entradas de la Institución, no permitiendo el acceso a sus dependencias más que a las personas autorizadas para ello.
c) Controlar los paquetes y bultos de que sean portadoras las personas ajenas a la Institución que tengan acceso a la misma.
d) Realizar personalmente la limpieza de la Institución.

13. ¿De quién es la responsabilidad de que el personal de oficio y subalterno cumpla el horario establecido en la Institución y permanezca constantemente en su puesto de trabajo?

a) Del Director de Gestión.
b) Del Vigilante de Seguridad.
c) Del Celador de Puerta.
d) Del Jefe de Personal Subalterno.

14. Que función no corresponde al celador/a:

a) Vela continuamente por conseguir el mayor orden y silencio posible en todas las dependencias de la institución.
b) Baña a los enfermos masculinos cuando no puedan hacerlo por sí mismos.

c) Servir de ascensoristas cuando las necesidades del servicio lo requieran.
d) Vigilar personalmente la limpieza de la Institución.

15. ¿Cómo se llama la unidad asistencial que, bajo la responsabilidad de un médico especialista, está dedicada al diagnóstico y tratamiento de las enfermedades utilizando como soporte técnico fundamentalmente las imágenes y datos funcionales obtenidos por medio de radiaciones ionizantes o no ionizantes y otras fuentes de energía?

a) Extracciones.
b) Medicina Nuclear.
c) Radioterapia.
d) Radiología.

16. ¿Dónde se realizan diariamente las consultas externas extrahospitalarias?

a) En los Centros de Atención Primaria.
b) En los Centros de Especialidades periféricos (CEP).
c) En los Centros de Patologías complejas (CPC).
d) En los Centros de Atención Individualizada.

17. El Estatuto de personal no sanitario permite al celador/a en determinados supuestos:

a) La aplicación de tratamiento curativo de carácter no medicamentoso.
b) Auxiliar al médico directamente en las consultas externas.
c) Ayudar a la colocación y retirada de cuñas para la recogida de excretas.
d) Controlar diariamente las bombonas de oxígeno.

18. Las funciones del Jefe de Personal Subalterno son:

a) Únicamente las detalladas en el estatuto de personal no sanitario.
b) Las que le delegue el Director de Recursos Económicos de la institución sanitaria.
c) Las relacionadas en el estatuto citado y las que asuma por delegación del Director de Recursos Económicos.
d) Todas las funciones de vigilancia y control del centro sanitario.

19. ¿Cuál de las siguientes misiones no es propia del celador/a?

a) Trasladar a los enfermos al quirófano.
b) Evitar que los visitantes fumen en las habitaciones del hospital.
c) Llamar la atención al servicio de limpieza en ausencia de su superior.
d) Ayudar a la enfermera a amortajar a los cadáveres.

20. ¿Debe un celador/a, para tranquilizar a la familia de un enfermo, indicarle el diagnóstico cuando este sea leve?

a) Sí.
b) No.
c) A veces.
d) Cuando se lo ordene o permita un superior.

21. No es función del celador/a:

a) Ayudar a la práctica de autopsias en funciones auxiliares.
b) Excepcionalmente, ayudarán en la colocación y retirada de cuñas para la recogida de excretas de enfermos.
c) Realizar la limpieza de los carros de curas y de su material.
d) Evitar que los visitantes fumen en las habitaciones del hospital.

22. Es obligación del celador/a:

a) Vigilar personalmente la limpieza de la institución.
b) Servir de ascensorista cuando se le asigne ese cometido.
c) Constatar que el personal de oficio cumple con el horario establecido.
d) Todas las respuestas son ciertas.

23. Indica qué competencias tienen los celadores como personal de gestión y servicios en orden a la administración de medicamentos:

a) En determinados casos podrán efectuarla, excluyendo siempre a los pacientes agudos.
b) A los/las celadores/as les está prohibido administrar medicamentos.
c) Únicamente podrán administrar medicamentos por vía oral.
d) Podrán administrar medicamentos por vía parenteral.

24. El Jefe de Personal Subalterno vigilará ... la limpieza de la institución:

a) Personalmente.
b) Permanentemente.
c) Perfectamente.
d) Periódicamente.

25. De acuerdo con lo establecido en el Estatuto de personal no sanitario al servicio de las instituciones sanitarias será función del celador/a:

a) El encendido y mantenimiento de las caladeras de calefacción.
b) La reparación de persianas o cualquier pequeño desperfecto de una habitación.

c) Dar la comida a aquellos enfermos que no puedan hacerlo por sí mismos, salvo en casos que requieran cuidados especiales.

d) Tendrán a su cargo el traslado de enfermos, tanto dentro de la institución, como en el servicio de ambulancias.

26. El documento que define las condiciones de empleo y los deberes y derechos que las personas trabajadoras tienen en una administración pública, en nuestro caso la Sanidad, se llama:

a) Estatuto de autonomía.
b) Estatuto de subalternos.
c) Estatuto de personal no Sanitario.
d) Convenio de trabajadores.

27. El/la celador/a, en el ejercicio de sus funciones, vigilará las entradas de la Institución y:

a) Dará cuenta a sus inmediatos superiores sobre toda visita ocurrida en su turno.
b) Disuadirá el paso a toda persona que desee entrar.
c) Solicitará la presencia del vigilante de guardia que se encuentre en su turno.
d) No permitirá el acceso a sus dependencias más que a las personas autorizadas para ello.

28. Señala cuál de las siguientes funciones no es propia de las que debe desempeñar el/la celador/a:

a) Limpiar la sala de autopsias.
b) Velar al enfermo/a fallecido.
c) Ayudar a colocar o retirar cuñas para la recogida de excretas de los pacientes.
d) Cuidar, alimentar y asear a los animales que vayan a ser o hayan sido sometidos a pruebas experimentales.

29. En relación con los pacientes fallecidos, la actuación del celador/a se centrará en:

a) Ayudar al personal encargado a amortajar y trasladar el cadáver hasta el mortuorio.
b) Movilizar y asear el cadáver.
c) Informar a las familias sobre el fallecimiento.
d) Cumplimentar los documentos informativos del deceso.

30. Es función del celador/a:

a) Hacer los servicios de guardia dentro de los turnos que se establezcan.
b) Limpiar la mesa y sala de autopsias.
c) Servirán de ascensoristas cuando se les asigne especialmente este cometido o las necesidades del servicio lo requieran.
d) Todas son misiones del celador/a.

31. Señala cuál de las siguientes tareas deben desempeñar los celadores en los Centros sanitarios:

a) Amortajar a pacientes fallecidos.
b) Realizar las placas radiográficas.
c) Sujetar a los pacientes a los que se les va a realizar lavados gástricos o suturas.
d) Reducir a los pacientes psiquiátricos agitados.

32. Para que pueda denominarse a un número de personas, un grupo, es preciso que concurran una serie de elementos o circunstancias. Señala la respuesta incorrecta:

a) Tener personalidad propia, distinta a la de sus miembros.
b) Perfecta integración de todos sus miembros de modo que estén atemperados los caracteres de los mismos.
c) Decisión voluntaria y consciente por parte de los que lo forman.
d) Consecución de los fines individuales de los integrantes del grupo.

33. La dinámica o funcionamiento de un grupo de trabajo desde el punto de vista subjetivo incluye factores tales como:

a) Determinación del fin a obtener de modo transparente y conocido para todos sus miembros.
b) Decisión por el superior, quien tiene en cuenta las sugerencias de todos los miembros.
c) Capacidad y eficacia en la ejecución del trabajo.
d) Ejecución a través de las funciones de cada miembro.

34. ¿Cómo se denomina al conjunto de personas que desarrolla su labor en un espacio o institución sanitaria, donde cada uno realiza su trabajo, responde individualmente del mismo y no depende directamente del trabajo de sus compañeros?

a) Equipo.
b) Organización.
c) Organigrama.
d) Grupo.

35. Señala cuál de las siguientes características es imprescindible para que exista un equipo de trabajo:

a) Jerarquía.
b) Responsabilidad individual ante el trabajo.
c) Personas relacionadas entre sí.
d) Categorías laborales desiguales.

36. La acción encaminada a impulsar el comportamiento de otras personas en una determinada dirección, que se estime conveniente, se llama:

a) Aprendizaje.
b) Compromiso.
c) Cohesión.
d) Motivación-Incentivación.

37. Para que un equipo pueda ser eficiente debe cumplir algunas características. Señala la respuesta incorrecta:

a) Complementariedad.
b) Coordinación.
c) Cohesión.
d) Alto perfil jerárquico.

38. Indica cuál de los siguientes factores no tiene por qué ser determinante a la hora de constituir un equipo y facilitar la consecución de los objetivos:

a) Número de participantes.
b) Participación y consenso.
c) Cualificación.
d) Autoevaluación.

39. Los equipos más eficaces son aquellos que son capaces de realizar:

a) Un reparto de roles y responsabilidades de manera automática.
b) Una participación desequilibrada pero consensuada.
c) Su propia autocrítica.
d) Objetivos menores con reglas establecidas.

40. Se hace necesario constituir un equipo de trabajo multidisciplinar cuando:

a) El trabajo es tedioso.
b) Las actividades a realizar presentan un nivel alto de complejidad.
c) Las actividades admiten pocas variables.
d) Se trabaja en una sola especialidad profesional.

41. La puesta en marcha de un equipo de trabajo es un proceso complejo que pasa por diferentes etapas. Indica cuál de las siguientes corresponde a la etapa de "acoplamiento":

a) Una vez superados los enfrentamientos personales, el proyecto sale adelante.
b) Suele predominar la disponibilidad y la visión positiva.
c) Afloran diferentes puntos de vista.
d) El equipo entra en una fase muy productiva.

42. ¿En cuál de las siguientes actividades no sería necesario la participación de un equipo multidisciplinar?

a) Unidad de esterilización de instrumental.
b) Equipo de atención primaria.
c) Centro de estancia diurna.
d) Unidad de rehabilitación.

43. En un equipo, el rol funcional de producción cuya característica principal es el dinamismo se llama:

a) Colaborador.
b) Iniciador.
c) Activador.
d) Empatizador.

44. Señala, de las siguientes funciones, cuál no es propia del líder de un equipo:

a) Definir la misión y el papel del grupo.
b) Tomar decisiones sin consenso.
c) Imbuir el espíritu de grupo.
d) Ordenar y controlar los conflictos internos.

45. ¿En qué tipo de equipo no importa la disciplina sino el problema a resolver?

a) Equipo transdisciplinar.
b) Equipo pluridisciplinar.
c) Equipo multidisciplinar.
d) Equipo interdisciplinar.

46. Señala la respuesta incorrecta. La capacidad para dirigir un equipo se pone de relieve en la consecución de los objetivos de:

a) Orientar a los subordinados.
b) Motivar a los subordinados.
c) Guiar a los subordinados.
d) Evaluar a los subordinados.

47. En la organización de los grupos de trabajo:

a) Prima la jerarquía.
b) No existe responsable del grupo.
c) La jerarquía es mediana, pero importante.
d) Todas las categorías laborales funcionan con igualdad.

48. En un equipo de trabajo:

a) Su organización es muy jerárquica.
b) Cada miembro puede tener una manera particular de funcionar.
c) Es necesario que posean todos sus miembros la misma profesión.
d) Es necesaria la coordinación.

49. ¿Qué se define como la integración de elementos que da como resultado algo más grande que la simple suma de estos?

a) Antagonismo.
b) Coordinación.
c) Indiferencia.
d) Sinergia.

50. ¿Cómo se denomina la acción encaminada a impulsar el comportamiento de otras personas en una determinada dirección, que se estima conveniente, dentro de un equipo de trabajo eficiente?

a) Acción de liderazgo.
b) Excitabilidad del equipo.
c) Eficiencia de constatación.
d) Motivación-Incentivación.

51. Un clima favorable de trabajo en un equipo de salud debe cumplir todo lo que se expone excepto:

a) Que en él los integrantes trabajen en armonía.
b) Trabajo cordial.
c) Sus integrantes no están involucrados con los resultados del conjunto.
d) Trabajo transparente.

52. ¿En qué fase del proceso de un equipo de trabajo se da frecuentemente la disponibilidad, la visión positiva, la ilusión ante un proyecto y el mantenimiento de relaciones cordiales entre los miembros?

a) En la fase de inicio.
b) En la fase de primeras dificultades.
c) En la fase de agotamiento.
d) En ninguna de las anteriores.

53. ¿Qué rol consideras que es funcional de producción en un equipo de trabajo?

a) El crítico.
b) El iniciador.

c) El pícaro.
d) El negativo.

54. ¿Qué rol consideras funcional en un equipo de trabajo?

a) El crítico.
b) El negativo.
c) El pícaro.
d) El intelectual.

55. ¿Qué característica del líder de un grupo multidisciplinario no es cierta?

a) Ha de ocupar una posición de autoridad legítima.
b) Debe poseer unos conocimientos técnicos que sustenten y respalden su tarea directiva.
c) No debe estar dotado de un poder coercitivo, aunque sí premiador.
d) A nivel emocional debe ser un individuo equilibrado.

56. Al ayudar al personal de Enfermería cuando tiene que medicar o curar a pacientes, el/la celador/a, dentro de sus funciones nunca deberá:

a) Trasladar a niños ingresados fuera de las Unidades Infantiles sin ir acompañado por personal de enfermería.
b) Colocar a las parturientas en la mesa de quirófano, colocándole las perneras.
c) Traer el carro de curas.
d) Sujetar a los pacientes.

57. ¿En qué tipo de conjunto de personas es necesaria la coordinación que propicia la estrecha colaboración y, por tanto, la cohesión?

a) Grupo de trabajo.
b) Equipo.
c) Organización.
d) Formación.

58. La utilidad del funcionamiento en equipos aporta ciertos beneficios. Señala la respuesta incorrecta:

a) Permite organizarse de una manera mejor.
b) Aumenta la carga de trabajo, aunque dicha carga es compartida con los demás.
c) Aumenta la motivación de los profesionales.
d) Mejora la calidad de los resultados.

59. Para que un equipo de trabajo sea eficiente, ¿qué cualidad es aquella que se caracteriza en que los diferentes miembros deben dominar todas las parcelas del proyecto que aspiran a realizar?

a) Valoración.
b) Complementariedad.
c) Solidaridad.
d) Motivación.

60. Una vez definidos los objetivos propios a alcanzar del equipo de salud, se debe tener en cuenta que reúnan los atributos siguientes, excepto:

a) Alcanzables o posibles de realizar.
b) No necesariamente relacionados con el campo de la salud.
c) Realistas.
d) Conocidos por todos.

61. El servicio hospitalario que tiene como misión la recepción, observación y tratamiento por personal altamente especializado y está dotado de material idóneo de pacientes en estado crítico es:

a) El Servicio de urgencias.
b) UCI/UVI.
c) La Unidad de cuidados paliativos.
d) La Unidad de medicina intensiva.

62. Dentro de la UCI, ¿cómo se llaman las unidades especializadas identificadas según las patologías que presentan los pacientes?

a) Unidad de Cuidados Intensivos.
b) Unidades Especializadas de Vigilancia.
c) Boxes.
d) Cubes.

63. En relación con la UCI/UVI, señala la respuesta correcta:

a) Se encuentra cerca del área de ingresos.
b) Comparte el control de enfermería con el resto de unidades de la planta.
c) Las asistencias de higiene, alimentación, visitas de familiares, etc., se realizan en otra ubicación distinta.
d) Posee servicio propio y exclusivo de la mayoría de las especialidades médicas (laboratorio, almacén de farmacia, radiología, esterilización, etc.).

64. Los celadores destinados a la UCI/UVI deben estar muy bien preparados en:

a) Vigilancia y seguridad.
b) Movilización y cambios posturales.

c) Áreas quirúrgicas.
d) Higiene y salud.

65. Señala la respuesta incorrecta. Los celadores destinados en la UCI deben estar pendientes a colaborar en todo lo que les ordene/n, dentro de sus funciones:

a) La supervisora de la UCI.
b) Los médicos.
c) Los enfermeros.
d) El técnico de laboratorio de análisis clínico.

66. En algunas pruebas diagnósticas que deben realizarse fuera de la UCI, cuando le sea requerido, el celador podrá:

a) Poner el chasis bajo el paciente.
b) Sujetar la sonda para realizar la endoscopia.
c) Sujetar al paciente para evitar daños con sus movimientos.
d) Realizar la toma de muestras.

67. La responsabilidad del movimiento de los enfermos encamados corresponde a:

a) Los facultativos.
b) Los médicos intensivistas.
c) El personal de enfermería ayudados por el celador/a cuando los enfermos encamados requieran un trato especial en razón de sus dolencias para hacerles las camas.
d) La supervisora de la UCI.

68. Es importante que, cuando el/la celador/a abandone la UCI/UVI para algún traslado de personas u objetos:

a) Se coloque un EPI nuevo completo.
b) Cambie el uniforme reglamentario.
c) Se ponga los guantes estériles.
d) Deje la bata dentro de la UCI.

69. Una de las principales funciones de los celadores y celadoras es la vigilancia. Señala cuál de los siguientes elementos no será su responsabilidad:

a) Manejo correcto de las camas articuladas.
b) La entrada y salida de las visitas.
c) El comportamiento de los visitantes dentro de la UCI.
d) La vestimenta de los visitantes dentro de la UCI.

70. ¿Cuál de las siguientes no es función propia de un celador de UCI/UVI?

a) Ayudar a enfermeras y auxiliares al movimiento y traslado de enfermos encamados.
b) Cambiar la cama de la UCI.

c) Controlar la autorización de los visitantes.
d) Vigilar que las visitas vistan correctamente calzas, gorro, bata, etc.

71. ¿Cuál es la función del celador cuando deba hacerse Rx a los pacientes de la UCI?

a) Manejar el aparato.
b) Colocar el chasis bajo el paciente.
c) Informar al paciente sobre qué se ve en la imagen de Rx.
d) Ayudar al técnico de RX en la movilización de los pacientes.

72. Señala la respuesta incorrecta. ¿Qué tipo de indumentaria será precisa para un celador que trabaje en la UCI/UVI?

a) Bata.
b) Gorro.
c) Calzas.
d) Zuecos.

73. Cuando deba trasladarse a un enfermo en situación crítica desde cualquier unidad a UCI/UVI, el celador irá acompañado de:

a) Otro celador.
b) Un jefe inmediato.
c) Enfermera y médico.
d) Médico de guardia.

74. ¿Cuál es la normativa que recoge cuáles son las funciones propias del celador/a?

a) El Estatuto de Personal no Sanitario al servicio de las Instituciones Sanitarias de la Seguridad Social, artículo 14.2.
b) El Estatuto de Personal Sanitario no facultativo al servicio de las Instituciones Sanitarias de la Seguridad Social, artículo 14.2.
c) El Estatuto Jurídico del Personal Médico de la Seguridad Social.
d) El Estatuto de Personal Subalterno al servicio de las Instituciones Sanitarias de la Seguridad Social, artículo 14.2.

75. ¿Cuántas personas acompañarán al paciente que va a ser trasladado a la UCI?

a) Dos: el médico y la enfermera.
b) Tres: el celador, el médico y la enfermera.
c) Tres: el celador, la enfermera y el TCAE.
c) Cuatro: el celador, el médico, la enfermera y el TCAE.

76. En los supuestos de traslados del paciente de UCI a servicios de diagnóstico, ¿hasta cuándo debe permanecer el celador junto al equipo de traslado?

a) Hasta la finalización del mismo.
b) Hasta que el paciente salga del servicio diagnóstico.

c) Durante el tiempo que se realiza la exploración.
d) Desde la UCI hasta el ascensor.

77. ¿Cuál de los siguientes problemas no suele ser común en la UCI?

a) Infección nosocomial.
b) Dolor.
c) Problemas nutricionales.
d) Eventos adversos por errores en la medicación.

78. Señala cuál de los cuidados se adoptará en caso de que el paciente presente desequilibrios hídricos:

a) Restricción de líquidos y sodio.
b) Valorar la presencia de edema periférico.
c) Realizar frecuentemente una higiene bucal adecuada.
d) Restricción de alimentos altamente proteicos.

79. ¿Qué puede hacer el celador para evitar una infección nosocomial en la Unidad de Críticos?

a) Mantener aislado al paciente en otra unidad.
b) Lavarse las manos tras el contacto con cada paciente.
c) Informar cuando sospeche que exista tal infección.
d) Poner en marcha el protocolo de desinfección ordinario.

80. Uno de los aspectos más importantes a tratar por el personal sanitario es el dolor del paciente. Señala cuál de las siguientes no será una medida a tomar en este caso:

a) Facilitar sedación profunda en todos los casos que aparezca dolor.
b) Observar el estado del paciente.
c) Ayudar al paciente a mantener una buena alineación corporal.
d) Facilitar distracción al paciente.

81. Para evitar los problemas psicológicos de los pacientes que se encuentran en la UCI, el celador:

a) Reducirá en la medida de lo posible los ruidos y conversaciones en tonos altos de voz.
b) Facilitará a la familia una información verdadera y clara acerca del estado del paciente.
c) Pedirá al paciente que intente superar el estrés de manera individual.
d) Solicitará la intervención del sanitario responsable de salud mental.

82. Señala la respuesta que no proceda. ¿Qué medidas se deberán adoptar para que los patrones de sueño de los pacientes se alteren mínimamente?

a) Mantener un entorno tranquilo y sin ruidos.
b) Limitar el horario de las visitas a las necesidades de cada paciente.

c) Apagar las luces por la noche y durante los periodos de reposo.

d) Evitar el ejercicio y la música.

83. En la rehabilitación y conocimientos del autocuidado, el celador podrá:

a) Contabilizar el tiempo de duración del ejercicio realizado por el paciente.

b) Mantener los aparatos en perfecto estado, reparando pequeños desperfectos.

c) Informar al paciente sobre los ejercicios que se le requieren.

d) Incidir en los factores ambientales que pueden mejorar el aprendizaje.

84. Los casos muy graves de infección por COVID-19 evolucionan en la mayoría de los casos a:

a) Insuficiencia renal con evolución a microinfartos.

b) Insuficiencia respiratoria con distrés respiratorio.

c) Hepatitis C.

d) Cardiomegalia.

85. En la movilización del paciente COVID-19 en UCI a decúbito prono se requiere la participación de:

a) 6 profesionales.

b) 5 profesionales.

c) 4 profesionales.

d) 3 profesionales.

86. Una de las siguientes afirmaciones descriptivas de la UCI/UVI es incorrecta. Indica cuál:

a) Los tipos de pacientes en estas unidades son pacientes en observación.

b) Posee almacén de farmacia, lencería, vestuarios y despachos médicos propios.

c) Las zonas de internamiento se distribuyen por patologías.

d) Maneja una gran cantidad de aparatos especializados que no se encuentran en otros servicios del hospital.

87. ¿Con qué frecuencia se realizan los cambios posturales de los pacientes que se encuentran en la UCI?

a) Con la misma frecuencia que en las plantas de hospitalización.

b) Cada hora.

c) Cada 4-5 horas.

d) Nunca se hacen cambios posturales en este servicio.

88. ¿Quién debe proveer el material limpio tales como batas, mascarillas, calzas, etc., para el uso de los familiares de los pacientes que se encuentran en la UCI?

a) El facultativo.
b) El celador.
c) El personal de limpieza y lencería.
d) El personal universitario de enfermería.

89. La infección nosocomial es una complicación frecuente en los pacientes ingresados en la Unidad de Críticos debida a varias causas probables. Señala la respuesta incorrecta:

a) La falta de atención en la asepsia por parte del personal de la Unidad de Críticos.
b) La gravedad de los pacientes.
c) Los errores de diagnóstico.
d) El empleo de numerosas técnicas invasivas.

90. La infección que adquiere el enfermo en el hospital durante el ingreso del paciente recibe el nombre de:

a) Patocronia.
b) Infección nosocomial.
c) Infección concomitante.
d) Infección residual.

91. ¿Qué tipo de higiene se realiza cuando el paciente conserva la movilidad pero no puede levantare, por lo que él asume su higiene siendo auxiliado en caso necesario por la enfermera (espalda, pies, etc.)?

a) Baño completo en la cama.
b) Baño parcial.
c) Baño en la cama.
d) Baño en bañera.

92. La piel está formada por varias capas. Señala la respuesta incorrecta:

a) Glándulas sudoríparas.
b) Hipodermis.
c) Epidermis.
d) Dermis.

93. Señala la respuesta incorrecta. Con un correcto aseo del paciente se pretende:

a) Conservar el buen estado de la piel.
b) Estimular la circulación sanguínea.

c) Refrescar al paciente.
d) Curar la patología que pueda haberse producido por infecciones bacterianas.

94. Si el celador o la celadora tuviera que asear a un paciente enfermo empezaría por:

a) El tórax y las extremidades superiores.
b) Los pies.
c) La cara, el cuello y las orejas.
d) La zona genital.

95. ¿De quién deben recibir instrucciones los celadores o las celadoras para bañar a los enfermos masculinos cuando no puedan hacerlo por sí mismos?

a) Del Técnico de planta.
b) Del Ayudante de Planta.
c) Del Gerente.
d) De las Supervisoras de plantas o servicios o personas que las sustituyan.

96. Tanto si se trata de baño completo o parcial, uno de los principios a seguir a la hora de abordar al enfermo es:

a) Actuar lentamente para disminuir el riesgo de cansancio.
b) Moverlo rápidamente.
c) Cubrir al paciente con una sábana de forma parcial.
d) Descubrir todo el cuerpo y cubrir la zona a limpiar.

97. El baño en la cama completo se hará como mínimo:

a) Cuando cambie cada turno.
b) Cuando el paciente lo solicite.
c) Mínimo una vez al día, por la mañana.
d) Al menos una vez a la semana.

98. El aseo de aquellos pacientes que, conservando o no la movilidad, deben permanecer en la cama, exige como procedimiento que:

a) Se desnude completamente al paciente.
b) Se destapen aquellas partes que vayan a ser lavadas.
c) Se coloque al paciente en posición de decúbito lateral.
d) El celador se coloque un delantal antes del inicio del procedimiento.

99. Señala la respuesta incorrecta. Una norma general para el aseo es:

a) Temperatura del agua para el baño entre 27 - 30º C.
b) Lavar cada zona del cuerpo una vez.

c) Secar perfectamente al paciente.
d) Procurar preservar la intimidad del paciente.

100. Una de las siguientes normas para realizar el aseo de un paciente es un error. Indica cuál:

a) Mantener la habitación a una temperatura adecuada.
b) Preparar el material necesario y tenerlo a mano.
c) Colocar al paciente en la posición más cómoda posible.
d) Ventilar la habitación durante el baño.

101. Señala, de los siguientes materiales, cuál de ellos no sería material de protección para el baño:

a) Hule.
b) Toallas.
c) Manta de baño.
d) Biombo.

102. ¿Qué tipo de pinza debe llevarse entre el material para el lavado?

a) Pinza de Sengstaken-Blakemore (SSB).
b) Pinza de Replogle.
c) Pinza de Kocher.
d) Pinza de Kelly.

103. En relación con el procedimiento del aseo de un paciente encamado:

a) Lo último que lavaremos será la región perineal.
b) Comenzaremos por el abdomen, tórax y mamas.
c) En la zona de la cara, cuello y orejas se comenzará por el cuello.
d) Las extremidades inferiores se lavan de abajo hacia arriba.

104. En los pacientes con venóclisis o traumatismo en un miembro, el miembro afectado debe ser:

a) Dejado sin vestir hasta la recuperación.
b) El primero en ser desvestido.
c) El primero en ser vestido.
d) El último en ser vestido.

105. Para poner un camisón limpio a un paciente que tiene un sistema de suero se introduce primero:

a) El brazo libre del sistema.
b) El brazo que porta el sistema.

c) El palo del suero.
d) El bote de suero y el sistema.

106. En el aseo del paciente en cama:

a) Se desnuda completamente al paciente.
b) Se lavan las zonas varias veces.
c) Se lava por zonas una sola vez.
d) Se enjabona y aclara el cuerpo todo de una vez.

107. ¿Qué cuestión no se pretende con un correcto aseo del paciente?

a) Conservar el buen estado de la piel, eliminando la suciedad, el mal olor y el sudor.
b) Cubrir parte de las necesidades de seguridad del paciente al prevenir la aparición de infecciones.
c) Refrescar al paciente, para que sienta sensación de confort y bienestar.
d) Evitar la necesidad de aseo en los genitales varias veces al día, debido a su efecto yatrogénico.

108. ¿Qué material de estos incluirías dentro de los elementos de protección respecto a la higiene de la piel?

a) Ropa del enfermo.
b) Sábana pequeña.
c) Palangana.
d) Cuña.

109. El lavado de cabellos del paciente debe realizarse aproximadamente:

a) Todos los días.
b) Cada tres días.
c) Una vez a la semana.
d) Depende de la suciedad que este tenga.

110. El orinal plano es un material o elemento de:

a) Evacuación.
b) Protección.
c) Lavado.
d) Recambio.

111. ¿Qué afirmación es incorrecta del vestido y desvestido del enfermo?

a) Al paciente hay que taparlo con una toalla o con la sábana a la hora de desnudarlo.
b) El camisón se retira por la cadera, hasta miembros inferiores, sacándolo por debajo de los pies.

c) El Celador debe colocarse guantes para realizar este procedimiento.
d) La chaqueta del pijama se desabrocha y se saca primero un brazo y después el otro.

112. ¿Qué cuestión no es cierta en la recogida de excretas?

a) Las mujeres pueden usar las cuñas, tanto para miccionar como para defecar.
b) Las cuñas empleadas fundamentalmente en recogida de excretas son de plástico o acero.
c) El procedimiento del uso de la cuña no tiene por qué explicarlo el Celador.
d) Hay cuñas especiales para pacientes traumatizados, siendo generalmente de menor altura para favorecer su colocación.

113. Los aseos de los enfermos podrán ser realizados:

a) En ducha, bañera y cama.
b) En bañera y cama.
c) En ducha y cama.
d) De pie y acostado.

114. Cuando se asea a un paciente en la bañera, se debe comprobar la temperatura del agua con:

a) Termómetro de baño.
b) El codo.
c) La mano.
d) Todas las respuestas son correctas.

115. Cuando el enfermo se encuentre encamado, el baño completo en cama:

a) No debe realizarse en ningún caso.
b) Debe realizarse solo en casos excepcionales.
c) Debe realizarse todos los días y las veces que sea necesario.
d) Debe realizarse una vez al día.

116. ¿Cómo se llaman las estructuras complementarias de la piel?

a) Fanecas.
b) Fanegas.
c) Faneras.
d) Fanebas.

117. ¿Cuál es la capa media de la piel?

a) Epidermis.
b) Hipodermis.

c) Tejido subcutáneo.
d) Dermis.

118. El baño completo en la cama para los pacientes que están hospitalizados encamados debe realizarse:

a) En casos excepcionales.
b) Tantas veces como sea necesario.
c) Cuando la enfermera lo indique.
d) Cada dos días.

119. ¿Qué es lo primero que se lava a un paciente que está encamado?

a) El torso.
b) El cuello.
c) El pelo.
d) Los ojos.

120. A la hora de realizar un aseo del paciente se debe tener en cuenta:

a) Evitar corrientes de aire.
b) Lavar cada zona del cuerpo dos veces.
c) La temperatura ambiental adecuada en la habitación será de 18 a 20 ºC.
d) La temperatura adecuada del agua para el baño es de 24 ºC aproximadamente.

En MADTEST tienes **más preguntas de este tema**, y todos tus avances quedan registrados y se reflejan en el ranking.

¡Supera tus límites con MADTEST!

Solución al test n.º 11

1. c) Las funciones del personal subalterno dependen del puesto de trabajo ocupado y se realizan bajo supervisión.

2. c) Harán los servicios de guardia que correspondan dentro de los turnos que se establezcan.

3. a) Al jefe de subalternos.

4. a) Las funciones del celador/a se dividen en tres áreas: guardia y vigilancia, cuidado del paciente, y tareas propias específicas.

5. c) Cuando su realización por el personal femenino no sea idónea o decorosa.

6. d) El/la celador/a.

7. b) Cuando requieran un trato especial en razón de sus dolencias para hacerles las camas.

8. c) Limpiar la mesa y la sala de autopsias.

9. d) Cuando sus funciones no requieran hacer uso de instrumental sobre el cadáver.

10. b) Las Supervisoras de planta o servicio o personas que las sustituyan.

11. c) El Director de Gestión y Servicios Generales.

12. c) Controlar los paquetes y bultos de que sean portadoras las personas ajenas a la Institución que tengan acceso a la misma.

13. d) Del Jefe de Personal Subalterno.

14. d) Vigilará personalmente la limpieza de la Institución.

15. d) Radiología.

16. b) En los Centros de Especialidades periféricos (CEP).

17. c) Ayudar a la colocación y retirada de cuñas para la recogida de excretas.

18. c) Las relacionadas en el estatuto citado y las que asuma por delegación del Director de Recursos Económicos.

19. c) Llamar la atención al servicio de limpieza en ausencia de su superior.

20. b) No.

21. c) Realizar la limpieza de los carros de curas y de su material.

22. b) Servir de ascensorista cuando se le asigne ese cometido.

23. b) A los/las celadores/as les está prohibido administrar medicamentos.

24. a) Personalmente.

25. d) Tendrán a su cargo el traslado de enfermos, tanto dentro de la institución, como en el servicio de ambulancias.

26. c) Estatuto de personal no Sanitario.

27. d) No permitirá el acceso a sus dependencias más que a las personas autorizadas para ello.

28. b) Velar al enfermo/a fallecido.

29. a) Ayudar al personal encargado a amortajar y trasladar el cadáver hasta el mortuorio.

30. d) Todas son misiones del celador/a.

31. c) Sujetar a los pacientes a los que se les va a realizar lavados gástricos o suturas.

32. d) Consecución de los fines individuales de los integrantes del grupo.

33. c) Capacidad y eficacia en la ejecución del trabajo.

34. d) Grupo.

35. c) Personas relacionadas entre sí.

36. d) Motivación-Incentivación.

37. d) Alto perfil jerárquico.

38. c) Cualificación.

39. c) Su propia autocrítica.

40. b) Las actividades a realizar presentan un nivel alto de complejidad.

41. a) Una vez superados los enfrentamientos personales, el proyecto sale adelante.

42. a) Unidad de esterilización de instrumental.

43. c) Activador.

44. b) Tomar decisiones sin consenso.

45. a) Equipo transdisciplinar.

46. d) Evaluar a los subordinados.

47. a) Prima la jerarquía.

48. d) Es necesaria la coordinación.

49. d) Sinergia.

50. d) Motivación-Incentivación.

51. c) Sus integrantes no están involucrados con los resultados del conjunto.

52. a) En la fase de inicio.

53. b) El iniciador.

54. d) El intelectual.

55. c) No debe estar dotado de un poder coercitivo, aunque sí premiador.

56. a) Trasladar a niños ingresados fuera de las Unidades Infantiles sin ir acompañado por personal de enfermería.

57. b) Equipo.

58. b) Aumenta la carga de trabajo, aunque dicha carga es compartida con los demás.

59. b) Complementariedad.

60. b) No necesariamente relacionados con el campo de la salud.

61. b) UCI/UVI.

62. c) Boxes.

63. d) Posee servicio propio y exclusivo de la mayoría de las especialidades médicas (laboratorio, almacén de farmacia, radiología, esterilización, etc.).

64. b) Movilización y cambios posturales.

65. d) El técnico de laboratorio de análisis clínico.

66. c) Sujetar al paciente para evitar daños con sus movimientos.

67. c) El personal de enfermería ayudados por el celador/a cuando los enfermos encamados requieran un trato especial en razón de sus dolencias para hacerles las camas.

68. d) Deje la bata dentro de la UCI.

69. a) Manejo correcto de las camas articuladas.

70. b) Cambiar la cama de la UCI.

71. d) Ayudar al técnico de RX en la movilización de los pacientes.

72. d) Zuecos.

73. c) Enfermera y médico.

74. a) El Estatuto de Personal no Sanitario al servicio de las Instituciones Sanitarias de la Seguridad Social, artículo 14.2.

75. b) Tres: el celador, el médico y la enfermera.

76. a) Hasta la finalización del mismo.

77. d) Eventos adversos por errores en la medicación.

78. c) Realizar frecuentemente una higiene bucal adecuada.

79. b) Lavarse las manos tras el contacto con cada paciente.

70. a) Facilitar sedación profunda en todos los casos que aparezca dolor.

81. a) Reducirá en la medida de lo posible los ruidos y conversaciones en tonos altos de voz.

82. d) Evitar el ejercicio y la música.

83. d) Incidir en los factores ambientales que pueden mejorar el aprendizaje.

84. b) Insuficiencia respiratoria con distrés respiratorio.

85. a) 6 profesionales.

86. a) Los tipos de pacientes en estas unidades son pacientes en observación.

87. a) Con la misma frecuencia que en las plantas de hospitalización.

88. b) El celador.

89. c) Los errores de diagnóstico.

90. b) Infección nosocomial.

91. c) Baño en la cama.

92. a) Glándulas sudoríparas.

93. d) Curar la patología que pueda haberse producido por infecciones bacterianas.

94. c) La cara, el cuello y las orejas.

95. d) De las Supervisoras de plantas o servicios o personas que las sustituyan.

96. c) Cubrir al paciente con una sábana de forma parcial.

97. c) Mínimo una vez al día, por la mañana.

98. b) Se destapen aquellas partes que vayan a ser lavadas.

99. a) Temperatura del agua para el baño entre 27-30º C.

100. d) Ventilar la habitación durante el baño.

101. b) Toallas.

102. c) Pinza de Kocher.

103. a) Lo último que lavaremos será la región perineal.

104. c) El primero en ser vestido.

105. d) El bote de suero y el sistema.

106. c) Se lava por zonas una sola vez.

107. d) Evitar la necesidad de aseo en los genitales varias veces al día, debido a su efecto yatrogénico.

108. b) Sábana pequeña.

109. c) Una vez a la semana.

110. a) Evacuación.

111. b) El camisón se retira por la cadera, hasta miembros inferiores, sacándolo por debajo de los pies.

112. c) El procedimiento del uso de la cuña no tiene por qué explicarlo el Celador.

113. a) En ducha, bañera y cama.

114. a) Termómetro de baño.

115. c) Debe realizarse todos los días y las veces que sea necesario.

116. c) Faneras.

117. d) Dermis.

118. b) Tantas veces como sea necesario.

119. d) Los ojos.

120. a) Evitar corrientes de aire.

Funciones específicas del celador/de la celadora en los quirófanos; normas de vestuario; zonas de un área quirúrgica; circulación en los quirófanos; elementos de los quirófanos; normas de higiene; esterilización. Funciones específicas del celador /de la celadora en el servicio de urgencias: recepción de los pacientes; control de personas; funciones de apoyo externo e interno

1. Al período de tiempo que transcurre desde que un paciente va a ser intervenido, se prepara la intervención, se realiza la misma y hasta que es dado de alta en el hospital, se le conoce con el nombre de:

a) Preoperatorio.
b) Perioperatorio.
c) Postoperatorio.
d) Operatorio.

2. Señala la respuesta incorrecta. Los celadores de quirófano auxiliarán en todas aquellas tareas que les sean propias además de las que les sean ordenadas por los siguientes profesionales:

a) El personal de mantenimiento.
b) Médicos.
c) Supervisores.
d) Enfermeras.

3. La desinfección que solo es activa frente a virus lipídicos de tamaño medio, bacterias en forma vegetativa y hongos, es de:

a) Alto nivel.
b) Nivel intermedio.
c) Bajo nivel.
d) Depende de la concentración del desinfectante.

4. Indica cuál de las siguientes soluciones es apta para el lavado de manos quirúrgico:

a) Yodo + alcohol etílico.
b) Hexaclorofeno.
c) Hipoclorito sódico.
d) Clorhexidina.

5. ¿Cómo se llama la solución que se utiliza para destruir microorganismos en un tejido vivo?

a) Desinfectante.
b) Esterilizador.
c) Aséptico.
d) Antiséptico.

6. El material esterilizado que se vaya a almacenar en las plantas del hospital debe ser utilizado:

a) En tres meses.
b) En seis meses.
c) En 24-48 horas.
d) En doce meses.

7. Si el centro hospitalario recomienda encarecidamente que se extremen las normas generales de asepsia, pide mayor práctica en:

a) El uso de mascarillas de alta resolución.
b) El lavado de manos.
c) La vacunación normativa.
d) La revisión a través del Servicio de Medicina Preventiva.

8. ¿En qué grupo de cirugía incluirías aquella que pretende corregir deformidades, como por ejemplo una escoliosis verdadera?

a) Diagnóstica.
b) Curativa.
c) Reconstructiva.
d) Estética.

9. Una intervención de tipo paliativo es aquella:

a) Que fortalece las zonas debilitadas, o pretende volver a unir zonas anatómicas que se encuentran separadas o tiene por objeto corregir deformidades.
b) Que alivia los síntomas de un determinado proceso, sin curar la enfermedad.

c) Que se utiliza para determinar la causa de los síntomas.
d) Que busca mejorar el aspecto físico.

10. ¿Qué etapa de tiempo abarca en los cuidados quirúrgicos, aquel que va des-de el momento en que el paciente acepta someterse al tratamiento quirúrgico que se le ha prescrito, hasta su traslado al quirófano donde será intervenido?

a) Fase propiamente quirúrgica.
b) Fase preoperatoria.
c) Fase transoperatoria.
d) Fase posoperatoria.

11. El antequirófano pertenece a la zona quirúrgica:

a) Sin limitación de acceso.
b) Semilimitada.
c) Limitada.
d) Prohibida.

12. ¿Qué tipo de agentes utiliza más frecuentemente la asepsia para conseguir matar y eliminar los microorganismos?

a) Agentes mecánicos.
b) Agentes físicos.
c) Agentes biológicos.
d) Agentes químicos.

13. ¿Cuándo dirías qué existe enfermedad infecciosa?

a) Cuando se produce la invasión y entrada en el organismo humano de agentes ex-traños vivos.
b) Cuando el agente infeccioso crece y prolifera invadiendo tejidos y células del orga-nismo.
c) Cuando el agente infeccioso coloniza un órgano, aparato o/y la globalidad de nues-tra corporalidad.
d) Cuando aparecen signos y síntomas como consecuencia de la infección.

14. ¿Cómo se denomina la desinfección que se realiza cuando se ha producido el alta del paciente y las circunstancias lo indican?

a) Desinfección definitiva.
b) Desinfección final.
c) Desinfección concurrente.
d) Desinfección altísima.

15. ¿Cómo se denomina la técnica de desinfección que consiste en sumergir en agua a la temperatura de ebullición el material que se quiere desinfectar?

a) Hervido.
b) Pasteurización.
c) Uperización.
d) Técnica UHT.

16. ¿Qué tiempo requiere el glutaraldehído al 2 % para que lleve a cabo una desinfección por inmersión del material objeto de dicho procedimiento?

a) 1 h.
b) 10 h.
c) 20 minutos.
d) 30 segundos.

17. ¿A qué presión irá el autoclave (en atmósferas) como medio de esterilización de material si se utiliza a 120 ºC?

a) 1 atmósfera.
b) 2 atmósferas.
c) 3 atmósferas.
d) 4 atmósferas.

18. ¿Cuál de las siguientes ventajas e inconvenientes del autoclave es falsa?

a) Es un medio de esterilizar barato, sencillo, rápido y eficaz.
b) Es aplicable a una gran gama de materiales.
c) Las altas temperaturas de la técnica desestructura el material.
d) Son correctas todas las respuestas anteriores.

19. ¿Qué material de estos no puede esterilizarse en autoclave?

a) Guantes de goma.
b) Bateas metálicas.
c) Ropa.
d) Envase de medios de cultivo.

20. ¿En cuál de estas técnicas de esterilización no son utilizados los métodos químicos?

a) En óxido de etileno.
b) En glutaraldehído.
c) En formol.
d) En el flameado.

21. ¿Qué área del hospital es el mayor cliente del Servicio de esterilización?

a) Área de celadores.
b) Área quirúrgica.
c) Área pediátrica.
d) Área de Medicina Interna.

22. ¿Qué riesgo específico lo incluirías como químico en el servicio de esterilización?

a) Eczema por utilizar determinados productos químicos.
b) Quemaduras en autoclave.
c) Descarga eléctrica.
d) Lesión muscular por levantamiento de peso.

23. ¿En qué momento en la práctica diaria debe realizarse el lavado de manos por primera vez en la jornada?

a) Al llegar al trabajo.
b) Después de quitarse los guantes.
c) Después de utilizar los servicios.
d) Al terminar la jornada.

24. ¿Cuál es el antiséptico más empleado para el lavado quirúrgico de manos?

a) Povidona yodada al 75 %.
b) Clorhexidina al 4 %.
c) Suero fisiológico.
d) Alcohol de 70º.

25. La bata rusa es:

a) La bata quirúrgica antiséptica.
b) La bata de aislamiento estricto.
c) La bata de aislamiento respiratorio.
d) La bata quirúrgica estéril.

26. También conocida como posición de navaja, se utiliza en cirugía de hemorroides y procedimientos del área rectal y coccígea:

a) Posición de Roser.
b) Posición de Kraske o Jackknife.
c) Posición de Laminectomía.
d) Posición de Fowler.

27. A un enfermo canceroso terminal, se le práctica una cirugía de denervación, para disminuir los dolores que le produce la enfermedad; esta cirugía sería:

a) Curativa.
b) Paliativa.
c) Exploradora.
d) Diagnóstica.

28. ¿Cuál es el área del bloque quirúrgico constituida por los quirófanos, la zona del lavado quirúrgico y las áreas de preparación del instrumental estéril?

a) Área de intercambio.
b) Área estéril.
c) Área sucia.
d) Área limpia.

29. ¿Qué agentes físicos es el más utilizado por la asepsia para conseguir matar y eliminar los microorganismos?

a) El más utilizado es el calor seco, exclusivamente.
b) El más utilizado es el calor húmedo, exclusivamente.
c) El más utilizado es el frío, exclusivamente.
d) El más utilizado es el calor seco o/y el calor húmedo.

30. ¿Qué agente químico de estos se emplea en los hospitales como medio de esterilización?

a) Alcohol etílico al 70%.
b) Óxido de etileno.
c) Bencidinas.
d) Clorhexidina.

31. Los dispositivos de urgencias sanitarias garantizan a los usuarios del Sistema Sanitario Público una atención continuada, y para ello:

a) Tratan todo tipo de procesos.
b) Traslada a todos los pacientes al ambulatorio más cercano para su tratamiento.
c) Garantizan a los usuarios una atención sanitaria durante las 24 horas del día.
d) No tienen en cuenta la gravedad del paciente para su asistencia.

32. De las siguientes afirmaciones, ¿cuál de ellas expresa alguna característica propia del término «emergencia»?

a) Es un tipo agravado de urgencia en la que existe un peligro inmediato, real o potencial, para la vida del paciente.
b) Existe peligro de secuelas para el paciente.

c) Suceso que provoca en el organismo una lesión y es de forma fortuita.
d) Suceso que altera el orden normal de las cosas y provoca una gran necesidad de asistencia sanitaria.

33. Se considera «emergencia» a aquella situación que:

a) Supone una pérdida de calidad de vida para la persona y debe ser atendida de forma preferente.
b) Es percibida como tal por el usuario.
c) Supone una amenaza inmediata para la vida o salud de la persona.
d) Es definida como tal por Atención Primaria.

34. De los siguientes uno No es un Servicio de Urgencias y Emergencias Sanitarias; señálalo:

a) SAMU.
b) 091.
c) 112.
d) SOS emergencias.

35. Las Unidades de Urgencias de los Hospitales Generales y Especialidades prestan asistencia:

a) Ambulatoria.
b) Domiciliaria.
c) Especializada.
d) Básica.

36. Un hospital que oferte un servicio de urgencias poco especializado se incluirá en el nivel:

a) 0.
b) 1.
c) 2.
d) 3.

37. Señala cuál de las siguientes no es una zona diferenciada de la unidad de urgencias:

a) Área de admisión de familiares.
b) Área de boxes.
c) Área de observación.
d) Área de emergencias.

38. Dentro del equipamiento del que está dotado un servicio de Urgencias no se encuentra/n:

a) Equipos para cateterización uretral.
b) Torniquetes y material para clampajes vasculares.
c) Instrumental de cirugía mayor.
d) Equipos de atención obstétrica urgente.

39. El Plan de Urgencias debe incluir una descripción detallada de la unidad y no incluye:

a) Organigrama.
b) Historia clínica.
c) Circuito administrativo y asistencial.
d) Protocolo de todo tipo de asistencia sanitaria.

40. La asistencia continuada de urgencias se prestará por el personal del Equipo de AP de la Zona de Salud en:

a) Domicilio.
b) Hospital.
c) Centro de salud.
d) Las respuestas a) y c) son correctas.

41. Una de las siguientes funciones no corresponde al celador/a en las unidades de urgencias extrahospitalarias:

a) Velar por el funcionamiento del servicio.
b) Podrá derivar urgencias a otros dispositivos sanitarios en situaciones de mucha demanda.
c) Facilitar la hoja de reclamaciones a usuarios que no estén de acuerdo con la atención recibida.
d) No abandonará su puesto cuando esté solo en el servicio por ausencia del equipo sanitario.

42. En un triaje se consideran situación de emergencia, nivel I:

a) Pacientes cuya atención puede demorarse más de 30 minutos.
b) Pacientes a los que se asigna una etiqueta o código rojo.
c) Pacientes en coma.
d) Pacientes a los que se asigna etiqueta o código verde.

43. El nivel 3 de Triaje corresponde:

a) A un nivel muy urgente, con un tiempo para atender al paciente de 15 minutos, al que se le asigna etiqueta naranja.
b) A un nivel muy urgente, con un tiempo para atender al paciente de 30 minutos, al que se le asigna etiqueta amarilla.

c) A un nivel urgente, con un tiempo para atender al paciente de 15 minutos, al que se le asigna etiqueta roja.

d) A un nivel urgente, con un tiempo para atender al paciente de 60 minutos, al que se le asigna etiqueta amarilla.

44. Señala cuál de los siguientes no es una función del celador en la entrada de Urgencias:

a) Recibir a los pacientes que lleguen a la puerta de Urgencias, saliendo a su encuentro y acomodándolos.

b) Cuidar de que el paciente acuda a la zona de boxes o consulta de Urgencias acompañado de sus familiares.

c) Mantener la entrada de Urgencias convenientemente surtida de carros y camillas.

d) Trasladar al paciente a: sala de espera de pacientes, de yesos, de observación de radiología, de consultas externas y servicios diagnósticos.

45. Un paciente que se traslada de un centro a otro, bien sea concertado o privado, realiza un transporte:

a) Rutinario.
b) Primario.
c) Secundario.
d) Emergente.

46. Señala cuál de las siguientes es una ambulancia de la clase A1:

a) La destinada al trasporte de pacientes en camillas.
b) Las destinadas al transporte colectivo.
c) Las destinadas a proporcionar soporte vital básico.
d) Las destinadas a proporcionar soporte vital avanzado.

47. ¿En qué posición se pondría a un paciente con una herida en el abdomen?

a) Posición lateral o seguridad.
b) Sedestación.
c) Decúbito supino y piernas flexionadas.
d) Decúbito supino y piernas elevadas.

48. ¿Cuál de los siguientes enunciados no es correcto, en relación con el uso de señales acústicas y luminosas en las ambulancias?

a) Se puede no emplear la señal acústica cuando hay circulación fluida sin densidad de tráfico, en la cercanía de hospitales, cuando la patología del paciente no lo haga aconsejable…

b) El uso de señales acústicas o luminosas exime al conductor de responsabilidad en caso de colisión o accidente.

c) Es preciso hacer uso de las señales luminosas y acústicas en todos aquellos casos en que la ambulancia se encuentre activada.

d) Las señales luminosas deben ser perfectamente vistas tanto desde la parte anterior del vehículo como de la posterior.

49. La sala de triaje de una unidad de urgencias hospitalaria también se llama:

a) Sala de reanimación.
b) Sala de despertar.
c) Filtro.
d) Box de urgencias.

50. El espacio físico donde se ubican los PAC (Puntos de Atención Continuada) son:

a) Ambulatorios.
b) Centros de especialidades.
c) Centros de salud.
d) Unidades de urgencias hospitalarias.

51. La prestación de asistencia en un PAC (Puntos de Atención Continuada) se realizará mediante la modalidad de:

a) Presencia física.
b) Guardias localizadas.
c) Indistintamente presencia física o guardias localizadas.
d) Los médicos harán guardias localizadas y el resto del personal, presencia física.

52. Al llegar un enfermo a la puerta de urgencias, sin posibilidad de andar por sí mismo, el celador:

a) Le ayudará a bajar del coche para que pase a que le atiendan.
b) Sacará una silla de ruedas para pasarlo al reconocimiento.
c) Se quedará en la puerta esperando a que el médico le ordene ayudar al enfermo.
d) Lo trasladará siempre en camilla.

53. Si traen una persona herida al servicio de urgencias del hospital, ¿qué es lo primero que haría?

a) Avisar al médico.
b) Salir a recibir al enfermo.
c) Preparar una transfusión de sangre.
d) Preguntarle los datos de la seguridad social.

54. Una persona acude al servicio de urgencias diciendo que en el exterior hay una persona en el suelo que necesita ayuda urgente; en este caso el celador:

a) Le dice que lo acerque para que lo vea el médico.
b) Le facilita una silla de ruedas para que traslade al enfermo.
c) Se cerciorará de los hechos e informará de inmediato al personal sanitario, siguiendo sus instrucciones para movilizar al paciente.
d) Le indicará que llame al 061.

55. ¿Qué es lo primero que haría un celador ante un paciente que presenta una fractura en una pierna?

a) No movilizar la pierna hasta recibir instrucciones.
b) Intentar colocarle el hueso en su sitio.
c) Llevarlo como sea a la sala de yesos.
d) Darle un calmante.

56. Es una característica de la urgencia:

a) El déficit de salud de un individuo que requiere atención inmediata.
b) Una situación de emergencia colectiva.
c) Una situación desestabilización social en que entran en juego las fuerzas de la naturaleza.
d) Una situación de riesgo universal.

57. El plan de Urgencias del hospital se integrará:

a) En la planificación del Hospital.
b) En los programas del Hospital.
c) En el Plan General del Hospital.
d) En la cartera de servicios no comunes del hospital.

58. Las vibraciones del traslado no pueden producir:

a) Hemorragias.
b) Alteraciones vasculares.
c) Aumento de la conciencia.
d) Alteraciones en aparatos como el EKG.

59. ¿En qué posición se deberá colocar a un enfermo que ha perdido la consciencia y para facilitar la eliminación de vómitos y mantener despejada la vía aérea?

a) Fowler.
b) Trendelenburg.

c) Genupectoral.
d) Sims.

60. ¿Cuál de las siguientes funciones correspondería al celador de puerta de urgencias?

a) Vigilar la entrada y salida de enfermos.
b) Comentar los posibles diagnósticos con la familia.
c) Descargar los vehículos que llegan a la institución transportando suministros.
d) Vigilancia nocturna del exterior del edificio.

En MADTEST tienes **más preguntas de este tema**, y todos tus avances quedan registrados y se reflejan en el ranking.

¡Supera tus límites con MADTEST!

Solución al test n.º 12

1. b) Perioperatorio.

2. a) El personal de mantenimiento.

3. c) Bajo nivel.

4. d) Clorhexidina.

5. d) Antiséptico.

6. c) En 24-48 horas.

7. b) El lavado de manos.

8. c) Reconstructiva.

9. b) Que alivia los síntomas de un determinado proceso, sin curar la enfermedad.

10. b) Fase preoperatoria.

11. c) Limitada.

12. b) Agentes físicos.

13. d) Cuando aparecen signos y síntomas como consecuencia de la infección.

14. b) Desinfección final.

15. a) Hervido.

16. c) 20 minutos.

17. a) 1 atmósfera.

18. d) Son correctas todas las respuestas anteriores.

19. a) Guantes de goma.

20. d) En el flameado.

21. b) Área quirúrgica.

22. a) Eczema por utilizar determinados productos químicos.

23. a) Al llegar al trabajo.

24. b) Clorhexidina al 4 %.

25. d) La bata quirúrgica estéril.

26. b) Posición de Kraske o Jackknife.

27. b) Paliativa.

28. b) Área estéril.

29. d) El más utilizado es el calor seco o/y el calor húmedo.

30. b) Óxido de etileno.

31. c) Garantizan a los usuarios una atención sanitaria durante las 24 horas del día.

32. a) Es un tipo agravado de urgencia en la que existe un peligro inmediato, real o potencial, para la vida del paciente.

33. c) Supone una amenaza inmediata para la vida o salud de la persona.

34. b) 091.

35. c) Especializada.

36. b) 1.

37. a) Área de admisión familiares.

38. c) Instrumental de cirugía mayor.

39. d) Protocolo de todo tipo de asistencia sanitaria.

40. d) Las respuestas a) y c) son correctas.

41. b) Podrá derivar urgencias a otros dispositivos sanitarios en situaciones de mucha demanda.

42. b) Pacientes a los que se asigna una etiqueta o código rojo.

43. d) A un nivel urgente, con un tiempo para atender al paciente de 60 minutos, al que se le asigna etiqueta amarilla.

44. b) Cuidar de que el paciente acuda a la zona de boxes o consulta de Urgencias acompañado de sus familiares.

45. c) Secundario.

46. a) La destinada al trasporte de pacientes en camillas.

47. c) Decúbito supino y piernas flexionadas.

48. b) El uso de señales acústicas o luminosas exime al conductor de responsabilidad en caso de colisión o accidente.

49. c) Filtro.

50. c) Centros de salud.

51. a) Presencia física.

52. b) Sacará una silla de ruedas para pasarlo al reconocimiento.

53. b) Salir a recibir al enfermo.

54. c) Se cerciorará de los hechos e informará de inmediato al personal sanitario, siguiendo sus instrucciones para movilizar al paciente.

55. a) No movilizar la pierna hasta recibir instrucciones.

56. a) Déficit de salud de un individuo que requiere atención inmediata.

57. c) En el Plan General del Hospital.

58. b) Aumento de la conciencia.

59. d) Sims.

60. a) Vigilar la entrada y salida de enfermos.

El celador/la celadora en los servicios de hospitalización: funciones relacionadas con el servicio; funciones en las habitaciones y en las zonas comunes. El celador/la celadora en las unidades de psiquiatría: actuación con las personas con problemas de salud mental

1. En una habitación de hospital habrá tantas unidades de pacientes como:

a) Pacientes haya en el hospital (incluido consultas externas).
b) Número de camas.
c) Pacientes haya en el hospital dividido por factor de corrección constante.
d) Número de camas multiplicado por factor de corrección constante.

2. ¿Qué útil o herramienta no debe poseer la unidad del paciente tipo?

a) Lencería de cama y accesorios.
b) Lámpara de luz directa.
c) Timbre de alarma.
d) Toma de oxígeno.

3. ¿De qué color deben ser pintados las paredes den una habilitación de un hospital?

a) Negro u oscuro.
b) Marrón claro o amarillo.
c) Blanco mate.
d) Ninguno de los anteriores.

4. Todas las características mínimas que debe reunir la habitación del enfermo que se exponen son ciertas, excepto:

a) Espacio suficiente.
b) Debe recibir luz directa del sol, a ser posible y de fácil ventilación.
c) Temperatura por encima de la media habitual (superior a 30 grados).
d) Tranquila y a poder ser sin ruidos.

5. La altura de los techos mínima (en cm) de la habitación del paciente debe ser:

a) 220 cm.
b) 250 cm.
c) 270 cm.
d) 285 cm.

6. ¿Qué tipo de iluminación es indispensable en la habitación del paciente?

a) Luz natural (sol).
b) Luz artificial día.
c) Luz artificial noche.
d) Luz artificial halógena.

7. ¿Qué mobiliario de la habitación del paciente no es imprescindible?

a) Mesita de noche y armario.
b) Cama.
c) Sofá pequeño.
d) Silla y/o sillón.

8. ¿Qué es incorrecto del cuarto de baño de la habitación del paciente?

a) Debe poseer todas las piezas de un baño completo.
b) No es necesario que presente barras de seguridad en sanitarios ni en ducha o/y bañera.
c) El baño está incorporado a las habitaciones.
d) Debe poseer medidas de seguridad para evitar accidentes.

9. ¿En cuántos segmentos móviles se divide el somier metálico de la cama articulada?

a) En 2.
b) En 3.
c) En 4.
d) No tiene divisiones.

10. ¿Cómo se denomina también a la cama ortopédica o traumatológica?

a) Cama de Judet.
b) Potro ginecológico.
c) Somier.
d) Bouchat.

11. El marco triangular de Balkan lo posee la cama:

a) Ortopédica de Judet.
b) Bouchat.

c) De levitación.
d) Electrocircular o de Striker.

12. ¿Qué tipo de cama está indicada para pacientes que sufren fracturas de las extremidades?

a) Cama ortopédica de Judet.
b) Cama hospitalaria.
c) Cama de levitación.
d) Cama Electrocircular o de Striker.

13. El denominado potro se emplea para:

a) Encamar a quemados.
b) Exploración ginecológica.
c) Encamar a pacientes con UPP.
d) Encamar a enfermos con grandes traumatismos.

14. El armazón para el volteo Foster se emplea:

a) Para facilitar al paciente la respiración.
b) Para el cambio postural.
c) Evitar infecciones micóticas.
d) Para liberar de estrés al paciente.

15. ¿De qué otra cama es variante la cama libro?

a) De la cama de levitación.
b) De la cama de exploración o potro ginecológico.
c) De la cama articulada.
d) De la cama Striker.

16. ¿Para qué tipo de pacientes se emplea la cama de levitación?

a) En fractura de miembros superiores.
b) En grandes quemados.
c) En enfermos con úlceras por presión.
d) Las opciones b) y c) son correctas.

17. ¿Qué función posee la barra de tracción?

a) Protector de metal lateral, que evita caídas del enfermo de la cama.
b) Dar mayor rigidez a la cama hospitalaria.
c) Facilitar la incorporación del enfermo.
d) Adaptar al paciente a la cabecera de la cama.

18. ¿Cuál de estos elementos es el primero en el orden de lencería?

a) Hule.
b) Entremetida.
c) Manta.
d) Colcha.

19. ¿Qué número de Celador es recomendable para la técnica de hacer la cama ocupada?

a) Ninguno, ya que se encarga el celador.
b) Uno.
c) Dos.
d) Tres.

20. ¿Qué elementos de estos no puede haber en una cama quirúrgica?

a) Hule o protector.
b) Entremetida.
c) Colchón.
d) Almohada.

21. ¿Quién es el/la responsable del funcionamiento de la planta de hospitalización?

a) La gobernanta.
b) La supervisora de enfermería.
c) El médico de la unidad.
d) La enfermera de planta.

22. ¿De quién deben recibir instrucciones los celadores o las celadoras para bañar a los enfermos masculinos cuando no puedan hacerlo por sí mismos?

a) Del TCAE.
b) Del Ayudante de Planta.
c) De las Supervisoras de plantas o servicios o personas que las sustituyan.
d) De la enfermera responsable.

23. El celador o celadora tiene una serie de funciones a desarrollar. De las siguientes, indica la que le corresponde:

a) Informar a los familiares acerca del estado clínico del paciente.
b) Vigilar que se cumplan las normas y se mantenga el orden de las instalaciones.
c) Autorizar el alta de un paciente.
d) Completar los datos de la historia clínica.

24. Cuando el celador o la celadora observen desperfectos o anomalías que haya en la limpieza y conservación del edificio y material deberán comunicarlo a:

a) El personal de limpieza.
b) Sus compañeros.
c) Sus inmediatos superiores.
d) El jefe adjunto a urgencias.

25. En relación con los pacientes fallecidos, la actuación del celador o la celadora se centrará en:

a) Ayudar al personal encargado a amortajar y trasladar el cadáver hasta el mortuorio.
b) Movilizar y asear el cadáver.
c) Informar a las familias sobre el fallecimiento.
d) Cumplimentar los datos de los informes de fallecimiento.

26. La temperatura de las habitaciones del hospital debe oscilar entre:

a) 16-18 ºC.
b) 20-22 ºC.
c) 26-28 ºC.
d) 30-32 ºC.

27. Los límites que se consideran aceptables de humedad en habitación del enfermo oscilan entre:

a) 20-30 %.
b) 30-40 %.
c) 40-60 %.
d) 65-85 %.

28. La cama articulada de somier rígido impide al paciente colocarlo en la posición de:

a) Decúbito supino.
b) Decúbito prono.
c) Decúbito lateral.
d) Fowler.

29. ¿Qué procedimiento se añadirá en la técnica para hacer la cama quirúrgica diferente al de la cama desocupada?

a) El mismo que para la cama desocupada, pero añadiendo una bajera y una encimera más.
b) El mismo que para la cama desocupada, pero quitando el hule y añadiendo una entremetida más, que se colocarán en la cabecera de la cama.

c) El mismo que para la cama desocupada, pero añadiendo un hule y una entremetida más, que se colocarán en la cabecera de la cama o en la parte alta de la bajera.
d) Nada, ya que son maneras muy diferentes de hacer la cama.

30. El arco salva sábanas se utiliza para:

a) Pacientes al entrar en quirófano.
b) Evitar las escaras en ancianos.
c) Evitar el roce con las sábanas en pacientes que han sufrido quemaduras.
d) Camas traumatológicas.

31. Entendemos por psiquiatría:

a) Una rama de la medicina.
b) La parte de la medicina que tiene por objeto el estudio y prevención de las enfermedades mentales.
c) Una parte de la medicina que tiene por objeto el diagnóstico y tratamiento de las enfermedades mentales.
d) Todas son ciertas.

32. En las unidades de hospitalización psiquiátrica no se dedican a:

a) Desintoxicación.
b) Evaluación y progreso diagnóstico.
c) Reinserción social.
d) Fracaso de tratamientos ambulatorios.

33. La finalidad de los centros día en salud mental es:

a) La recuperación de habilidades para integrarse en la sociedad.
b) La desintoxicación de drogas de abuso.
c) La integración y terapia familiar.
d) Todas son ciertas.

34. El trastorno depresivo mayor en salud mental se caracteriza por:

a) Preocupación, autocrítica y pensamientos de autodevaluación.
b) La falta de energía, sobre todo en hombres.
c) Está caracterizado por uno o más episodios depresivos mayores.
d) Episodios de delirios, alucinaciones y TCA.

35. El lenguaje demasiado bajo se denomina:

a) Musitación.
b) Coprolalia.

c) Dislalia.
d) Logorrea.

36. La esquizofrenia:

a) Es una psicosis de inicio precoz.
b) Presenta formas de lenguaje peculiares.
c) No se conoce su etiología.
d) Todas son ciertas.

37. Es falso que las demencias:

a) Se caracterizan por el deterioro de la memoria.
b) Es un síndrome adquirido.
c) Se desconoce su etiología.
d) Es más frecuente en mujeres.

38. La enfermedad de Pick es:

a) Una demencia que aparece en personas de mediana edad.
b) Un trastorno compulsivo que aparece en la adolescencia.
c) Una alteración de la memoria secundaria a una alteración vascular.
d) Ninguna es cierta.

39. Entre las funciones del celador en relación con el enfermo mental encontramos:

a) Ayudar al aseo personal de los pacientes que lo precisen.
b) Favorecer el descanso nocturno.
c) Controlar el accedo y la circulación de personas por la unidad.
d) Todas son ciertas.

40. El miedo irracional a los espacios abiertos se denomina:

a) Claustrofobia.
b) Dismorfobia.
c) Agorafobia.
d) Eritrofobia.

41. ¿A qué tipo de modalidad terapéutica, dentro de las restricciones o categorías de contención del enfermo psiquiátrico, pertenece la clase que incluye entre otras acciones el control de estímulos y la vigilancia de la existencia de espacios apropiados?

a) Reducción verbal.
b) Acción farmacológica.

c) Reducción física.
d) Reducción ambiental.

42. Es frecuente que los pacientes sujetos:

a) Se calmen después de un tiempo.
b) Nunca se calmen y deban seguir en esa situación.
c) No representen una amenaza para su integridad física, si no lo estuvieran.
d) Se enajenen definitivamente.

43. ¿Qué situación es incorrecta por parte del personal sanitario que realiza una intervención para reducir a un paciente agresivo?

a) Deberá actuar profesionalmente.
b) Poseerá durante la misma una actitud enérgica pero amable.
c) Se actuará impidiéndole el movimiento.
d) Se golpeará con saña para reducirlo.

44. ¿Qué elemento corporal se debe inmovilizar por cada miembro del personal que actúa en la intervención para reducir a un paciente agresivo?

a) Miembros en zonas proximales, tronco y cabeza.
b) Exclusivamente los miembros en sus zonas proximales.
c) Exclusivamente los miembros en sus zonas distales.
d) Tórax y abdomen, por delante y por detrás.

45. ¿Cómo debe ser mejor y más adecuada la autorización por el médico de una reducción y sujeción de un paciente agresivo?

a) Mediante lenguaje no verbal (para que el paciente no se dé cuenta).
b) Mediante lenguaje verbal.
c) Por escrito.
d) Por teléfono.

46. ¿Se debe registrar la razón de la contención a un paciente agresivo?

a) No es necesario.
b) Siempre y de forma minuciosa, detallando solo el tiempo que esta duró.
c) Siempre y de forma minuciosa, detallando el tiempo que duró y la respuesta del enfermo.
d) Siempre y de forma minuciosa, detallando el tiempo que duró, la respuesta del sujeto y la evolución del tratamiento.

47. Respecto a la sujeción física de estos pacientes es cierto:

a) Que debe llevarse a cabo con cualquier material que lo inmovilice.
b) Que debe hacerse por el personal hasta que este se calme.

c) Que no debe emplearse ningún sistema de sujeción física, sino la palabra del sanitario.

d) Que debe emplearse exclusivamente sistemas homologados de sujeción.

48. Un miembro del equipo de sujeción terapéutica siempre debería estar visible para el paciente con la finalidad de:

a) Amedrentarlo durante la sujeción.

b) Tranquilizarlo durante la sujeción.

c) Que tenga un punto de referencia del entorno.

d) Amenazarlo durante la sujeción.

49. ¿Qué es incorrecto de la sujeción terapéutica?

a) La cabeza del paciente debe estar ligeramente levantada.

b) La sujeción no tiene por qué permitir la administración mediante perfusión endovenosa por el antebrazo, ya que existen otras vías posibles.

c) Debe comprobarse periódicamente las sujeciones.

d) Las muñecas deben de sujetarse a las tiras del segufix^R o al travesero de la cama.

50. ¿Qué medicación requieren los pacientes violentos aun estando sujetos?

a) Medicación antidepresiva por vía intramuscular.

b) Medicación antipsicótica por vía intramuscular.

c) Medicación antidepresiva por vía intravenosa.

d) Medicación antishock por vía parenteral.

51. ¿Cada cuánto tiempo al paciente violento se le deben ir eliminando las restricciones si está ya bajo control?

a) En intervalos de una restricción/sujeción cada cinco minutos.

b) En intervalos de una restricción/sujeción cada veinte minutos.

c) En intervalos de una restricción/sujeción cada hora.

d) En intervalos de una restricción/sujeción cada dos horas.

52. Antes de quitarle todas las restricciones a un paciente que se ha sometido a sujeción terapéutica, al menos debe quedarle:

a) Una sujeción.

b) Dos sujeciones.

c) Cinco sujeciones.

d) Diez sujeciones.

53. ¿Qué acción o acciones del equipo sanitario en un paciente sujeto terapéuticamente es o son incorrecta/s?

a) Preservar la intimidad del paciente.

b) Acostumbrar progresivamente al paciente a la seguridad que supone un entorno de aislamiento.

c) Mantener contacto verbal con intervalos regulares mientras se halle despierto.

d) Implicar al paciente en planes para poder finalizar la sujeción mecánica.

54. ¿En qué circunstancias de estas no se recomienda el internamiento forzoso y urgente del enfermo mental?

a) Leve disminución de la autonomía personal.

b) Riesgo de autoagresividad.

c) Riesgo de heteroagresividad.

d) Grave enfermedad mental que suponga un riesgo de agravación en caso de no ser adecuadamente tratada.

55. Entre las tareas de atención a los familiares a realizar por un/a celador/a de Psiquiatría no figura:

a) Enseñar cuando sea necesario a usar los ascensores.

b) Impedir que los acompañantes hagan mal uso del material.

c) Controlar la entrada y salida de las visitas.

d) Proveer alimentos a los familiares de los enfermos cuando tengan que pernoctar en el hospital.

56. Los centros de media estancia en salud mental pertenecen al nivel:

a) Primario.

b) Secundario.

c) Terciario.

d) Básico.

57. Es un error sensorial en salud mental:

a) Hiperalgia.

b) Analgesias.

c) Ilusiones.

d) Hiperacusia.

58. ¿Qué patologías de estas incluirías en las psicosis?

a) Esquizofrenia.

b) Depresión tipo neurosis.

c) Sociopatía (trastorno antisocial de la personalidad).

d) Ninguna es psicosis.

59. ¿Qué otro nombre recibe los trastornos bipolares?

a) Ciclotimia.

b) Psicosis afectiva no polar.

c) Psicosis falsotímica.
d) Todos los anteriores son correctos.

60. En relación con el tiempo de estancia de los enfermos, las unidades de hospitalización psiquiátrica tienen un carácter:

a) De corta estancia.
b) De larga estancia.
c) Indefinido.
d) De media estancia.

En MADTEST tienes **más preguntas de este tema**, y todos tus avances quedan registrados y se reflejan en el ranking.

¡Supera tus límites con MADTEST!

Solución al test n.º 13

1. b) Número de camas.

2. b) Lámpara de luz directa.

3. c) Blanco mate.

4. c) Temperatura por encima de la media habitual (superior a 30 grados).

5. b) 250.

6. a) Luz natural (sol).

7. c) Sofá pequeño.

8. b) No es necesario que presente barras de seguridad en sanitarios ni en ducha o/y bañera.

9. b) En 3.

10. a) Cama de Judet.

11. a) Ortopédica de Judet.

12. a) Cama ortopédica de Judet.

13. b) Exploración ginecológica.

14. b) Para el cambio postural.

15. c) De la cama articulada.

16. d) Las opciones b) y c) son correctas.

17. c) Facilitar la incorporación del enfermo.

18. a) Hule.

19. c) Dos.

20. d) Almohada.

21. b) La supervisora de enfermería.

22. c) De las Supervisoras de plantas o servicios o personas que las sustituyan.

23. b) Vigilar que se cumplan las normas y se mantenga el orden de las instalaciones.

24. c) Sus inmediatos superiores.

25. a) Ayudar al personal encargado a amortajar y trasladar el cadáver hasta el mortuorio.

26. b) 20-22 ºC.

27. c) 40-60 %.

28. d) Fowler.

29. c) El mismo que para la cama desocupada, pero añadiendo un hule y una entremetida más, que se colocarán en la cabecera de la cama o en la parte alta de la bajera.

30. c) Evitar el roce con las sábanas en pacientes que han sufrido quemaduras.

31. d) Todas son ciertas.

32. c) Reinserción social.

33. a) La recuperación de habilidades para integrarse en la sociedad.

34. c) Está caracterizado por uno o más episodios depresivos mayores.

35. a) Musitación.

36. d) Todas son ciertas.

37. c) Se desconoce su etiología.

38. a) Una demencia que aparece en personas de mediana edad.

39. d) Todas son ciertas.

40. c) Agorafobia.

41. d) Reducción ambiental.

42. a) Se calmen después de un tiempo.

43. d) Se golpeará con saña para reducirlo.

44. c) Exclusivamente los miembros en sus zonas distales.

45. c) Por escrito.

46. d) Siempre y de forma minuciosa, detallando el tiempo que duró, la respuesta del sujeto y la evolución del tratamiento.

47. d) Que debe emplearse exclusivamente sistemas homologados de sujeción.

48. b) Tranquilizarlo durante la sujeción.

49. b) La sujeción no tiene por qué permitir la administración mediante perfusión endovenosa por el antebrazo, ya que existen otras vías posibles.

50. b) Medicación antipsicótica por vía intramuscular.

51. a) En intervalos de una restricción/sujeción cada cinco minutos.

52. b) Dos sujeciones.

53. b) Acostumbrar progresivamente al paciente a la seguridad que supone un entorno de aislamiento.

54. a) Leve disminución de la autonomía personal.

55. d) Proveer alimentos a los familiares de los enfermos cuando tengan que pernoctar en el hospital.

56. c) Terciario.

57. c) Ilusiones.

58. a) Esquizofrenia.

59. a) Ciclotimia.

60. a) De corta estancia.

Atención a los familiares de los pacientes: el proceso de atención; la información: actitudes y estrategias para informar; la comunicación; la escucha activa; actitud con los interlocutores en situaciones difíciles

1. El concepto de servicio para el público está relacionado con una serie de factores; señala cuál de los siguientes no es un factor relacionado:

a) Los elementos tangibles que tienen que ver con la apariencia de las instalaciones y el equipo.
b) El cumplimiento del desarrollo de servicio, de forma correcta y oportuna.
c) Un buen equilibrio emocional.
d) La competencia de los profesionales.

2. ¿Cómo definirías el término intencionalidad tan necesario en la relación interpersonal?

a) Es la idea inicial a partir de la cual se analizará y evaluará la situación, para emitir un juicio sobre lo que nos afecta y así plantear conductas y organizar acciones de acuerdo con la información que se posee.
b) Es la determinación de la voluntad en orden a conseguir un fin u objetivo.
c) Es el hacer consciente que se expresa en objetivos.
d) Es el estado afectivo del ánimo que se produce por causas que lo impresionan vivamente y según el cual se tomarán las decisiones.

3. Ante un usuario agresivo la mejor actitud será:

a) Dar información precisa y correcta sin dejar que se exprese.
b) Intentar calmarlo, escuchar y transmitir compresión.
c) Preocuparse por él, pero no decidir por él.
d) Dar argumentos aclaratorios y tomar la decisión por él.

4. Señala cuál no debe ser una actuación de el/la celador/a frente al profesional:

a) Actuar con naturalidad.
b) Mantener al usuario en suspense.

c) Ser sincero.

d) Emplear el nombre y apellido del usuario.

5. Señala cuál de las siguientes no es una función de la comunicación:

a) Es el medio por el cual se transmite un mensaje.

b) Proporciona la información que los individuos y grupos necesitan para tomar decisiones y evaluar opiniones alternativas.

c) Fomenta la motivación entre las personas.

d) Permite la integración social.

6. Señala cuál de las siguientes es la definición correcta de comunicación aportada por la UNESCO:

a) Proceso mediante el cual se transmite información, sentimientos, pensamientos, y/o cualquier otra cosa que pueda ser transmitida.

b) Proceso en el que intervienen dos elementos: emisor y receptor.

c) Proceso de interacción social, a través de un intercambio equilibrado de información y experiencia entre un emisor y un receptor.

d) Transmisión de señales mediante un código común entre el emisor y receptor.

7. En función del medio o canal la comunicación se clasifica en:

a) Oral, escrita y auditiva.

b) Oral y audiovisual.

c) Oral, por gesto, escrita y por símbolos.

d) Oral, escrita y gestos.

8. Son técnicas activas de comunicación:

a) La escucha activa.

b) Los gestos.

c) La sonrisa.

d) Comunicación impersonal.

9. Señala el enunciado correcto en relación con el feedback de la comunicación:

a) La retroalimentación indica cómo se ha establecido el mensaje entre ambas partes y se comprende lo que se quiere transmitir.

b) A través del *feedback* la fuente puede comprobar en qué grado el mensaje se ha descodificado por el receptor.

c) Cuando se establece comunicación entre emisor y receptor se habla de *feedback*.

d) Todas son correctas.

10. Un ruido es:

a) Una injerencia que tiene el emisor.
b) Una injerencia que tiene el receptor.
c) Una interferencia que tiene el mensaje para llegar a su destino.
d) Un elemento de comunicación.

11. ¿Qué tipo de comunicación emplea el/la celador/a cuando emite el mensaje y una vez que es recibido por el receptor, este ejecuta una tarea?

a) Comunicación transversal.
b) Comunicación vertical.
c) Comunicación participativa.
d) Comunicación unidireccional.

12. Según el canal de comunicación, está no puede ser:

a) Unidireccional.
b) Bidireccional.
c) Interna y externa.
d) Multidireccional.

13. En toda actitud hay una serie de componentes; señala de los siguientes cuál no se relaciona con la la actitud:

a) El cognoscitivo.
b) El afectivo.
c) El educativo.
d) El conductual.

14. ¿Qué aspecto es propio de la escucha activa?

a) No estar en silencio.
b) Atender y demostrarle que se ha entendido y comprendido lo que el enfermo o familiar ha dicho a través de alguna afirmación.
c) Interrumpir a la otra persona para preguntarle sobre lo que nos habla.
d) Responder siempre a lo manifestado por el paciente.

15. La empatía:

a) Es un elemento fundamental en la relación con los celadores.
b) Es ponerse en el lugar del usuario.
c) Es compartir los sentimientos y la realidad del otro.
d) Todas son correctas.

16. La capacidad de expresarse como uno es, de manera clara, libre y sencilla, comunicándose en el momento justo y con la persona indicada se denomina:

a) Escucha activa.
b) Empatía.
c) Sumisión.
d) Asertividad.

17. La información que puede proporcionar el/la celador/a a los familiares acerca del servicio en que se encuentran los pacientes, se refiere a:

a) Datos asistenciales.
b) Datos de tratamiento.
c) Datos de diagnóstico.
d) Ninguna es correcta.

18. Al individuo que habla, gesticula, escribe, pinta, etc., en la comunicación, se le denomina:

a) Mensajero.
b) Fuente.
c) Receptor.
d) Destino.

19. ¿Qué barrera del lenguaje se da por discapacidad física?

a) Neurosis.
b) Alteraciones de la memoria.
c) Ceguera.
d) Psicosis.

20. ¿Qué término se aplica cuando en una relación interpersonal no se consigue lo que se esperaba?

a) Enojo.
b) Frustración.
c) Agresividad.
d) Deserción.

21. ¿En qué pilares ha de basarse la relación interpersonal?

a) Compromiso, objetivo común y desinterés.
b) Sinceridad, confianza y respeto.
c) Cooperación, dominación y aislamiento.
d) Confianza, creatividad, compromisos renovados y respeto mutuo.

22. ¿Qué componente de la actitud es aquel formado por la idea, el conocimiento o la creencia que se posee de una persona, objeto o hecho?

a) Componente afectivo.
b) Componente conductual.
c) Componente cognoscitivo.
d) Componente físico.

23. El ruido, como obstáculo a la comunicación, se concibe como un fenómeno de:

a) Filtraje.
b) Sobrecarga de canales.
c) Perturbación o distorsión.
d) Retroalimentación.

24. ¿Qué aspecto es propio de la escucha activa?

a) Interrumpir a la otra persona para preguntarle sobre lo que habla.
b) Mantener la actividad que realizamos mientras se escucha.
c) Atender y empatizar con la persona con la que nos estamos comunicando.
d) Intentar presuponer lo que la otra persona nos va a decir.

25. Si un familiar le pregunta sobre el estado de salud o la evolución de su familiar usted debe:

a) Informarle clara, completa y amablemente.
b) Lo remitirá al médico.
c) Lo remitirá al jefe de servicio.
d) No le informará de nada.

26. ¿Qué tipo de usuario es el que busca respuestas rápidas porque valora su propio tiempo?

a) Usuario indeciso.
b) Usuario desconfiado.
c) Usuario impulsivo.
d) Usuario agresivo.

27. El proceso de comunicación termina:

a) Cuando ha terminado el emisor.
b) Cuando el receptor ha codificado el mensaje.
c) Cuando el receptor ha entendido el mensaje.
d) Cuando el emisor ha codificado el mensaje.

28. ¿Cómo se denomina el tiempo que pasa entre que el paciente deja de hablar y responde el/la celador/a?

a) *Feedback*.
b) Interferencia.
c) Reactividad.
d) Descodificación.

29. ¿Cuál es la capacidad humana de sentir con el otro, de identificarse con él y de ponerse en el lugar del otro?

a) Asertividad.
b) Comprensión.
c) Empatía.
d) Confianza.

30. Son factores que obstaculizan la comunicación entre el personal y el paciente:

a) La disponibilidad.
b) La escucha y el interés por el paciente.
c) Los prejuicios sociales.
d) Ninguno de los anteriores.

En MADTEST tienes **más preguntas de este tema**, y todos tus avances quedan registrados y se reflejan en el ranking.

¡Supera tus límites con MADTEST!

Solución al test n.º 14

1. c) Un buen equilibrio emocional.

2. b) Es la determinación de la voluntad en orden a conseguir un fin u objetivo.

3. b) Intentar calmarlo, escuchándole, y transmitir compresión.

4. b) Mantener al usuario en suspense.

5. a) Es el medio por el cual se transmite un mensaje.

6. c) Proceso de interacción social, a través de un intercambio equilibrado de información y experiencia entre un emisor y un receptor.

7. c) Oral, por gesto, escrita y por símbolos.

8. a) La escucha activa.

9. d) Todas son correctas.

10. c) Interferencia que tiene el mensaje para llegar a su destino.

11. b) Comunicación vertical.

12. c) Interna y externa.

13. c) Educativo.

14. b) Atender y demostrarle que se ha entendido y comprendido lo que el enfermo o familiar ha dicho a través de alguna afirmación.

15. d) Todas son correctas.

16. d) Asertividad.

17. d) Ninguna es correcta.

18. b) Fuente.

19. c) Ceguera.

20. b) Frustración.

21. b) Sinceridad, confianza y respeto.

22. c) Componente cognoscitivo.

23. c) Perturbación o distorsión.

24. c) Atender y empatizar con la persona con la que nos estamos comunicando.

25. b) Lo remitirá al médico.

26. c) Usuario impulsivo.

27. c) Cuando el receptor ha entendido el mensaje.

28. c) Reactividad.

29. c) Empatía.

30. c) Los prejuicios sociales.

TEST N.º 15

El celador/la celadora en la relación con pacientes en la fase terminal de una enfermedad: funciones y cuidados; actitud con los pacientes en la situación de muerte inminente; atención a la familia del paciente. Funciones en la sala de autopsias y en el mortuorio

1. La vestimenta que envuelve al cadáver se denomina:

a) Óbito.
b) Sudario.
c) Pijama.
d) Tanatología.

2. Los restos cadavéricos es lo que queda del cuerpo humano una vez fallecido tras:

a) 5 años.
b) 10 años.
c) 12 meses.
d) 2 años.

3. El rigor mortis aparece en una persona fallecida a las:

a) 12 horas de la muerte.
b) 7 horas de la muerte.
c) 3 horas de la muerte.
d) 24 horas de la muerte.

4. La putrefacción de un cadáver aparece por la acción de:

a) Los virus.
b) Las bacterias.
c) El oxígeno.
d) La muerte.

5. Denominamos tanatoplastia a:

a) Las técnicas de reconstrucción de los cadáveres.
b) Las técnicas de cosmética que permiten mejorar la apariencia externa del cadáver.
c) Las técnicas que consisten en el tratamiento de los muertos.
d) Las técnicas que nos permiten congelar a los muertos.

6. El establecimiento funerario habilitado para la incineración de cadáveres y restos humanos se denomina:

a) Cementerio.
b) Crematorio.
c) Nicho.
d) Panteón.

7. El control sanitario de los cementerios y la sanidad mortuoria corresponde a:

a) Corporaciones Locales.
b) Centros privados.
c) Unidades Estatales.
d) Ministerio responsable de sanidad.

8. La certificación de la muerte es competencia de:

a) Cualquier eslabón del equipo.
b) El facultativo responsable.
c) La enfermera de la unidad.
d) El jefe de la unidad clínica.

9. No es un signo precoz de la muerte:

a) Pérdida de sensibilidad cutánea.
b) Ausencia de latido cardíaco.
c) Ausencia de tono muscular.
d) Livideces.

10. Según el profesor Gisbert Calabuig, ¿cuántas fases de la muerte podemos distinguir?

a) 4 fases.
b) 3 fases.
c) 2 fases.
d) 1 fase.

11. Es una función exclusiva del celador con los pacientes fallecidos:

a) El traslado de los cadáveres al mortuorio.
b) El amortajamiento.
c) El aseo del paciente.
d) Todas son funciones exclusivas del celador.

12. Los ojos y la boca del cadáver:

a) Deben ser cerrados.
b) Deben dejarse como están.
c) Debe permanecer abiertos.
d) Deben sellarse con sutura.

13. Si el paciente va a estar unos días en el depósito de cadáveres se aconseja una temperatura de:

a) 4 ºC.
b) 10 ºC.
c) 0 ºC.
d) 21 ºC.

14. La superficie de las áreas de disección en la actualidad es de:

a) Cerámica.
b) Acero inoxidable.
c) Porcelana.
d) Cualquiera de los anteriores.

15. La intervención que se realiza en un cadáver para examinar sus órganos se denomina:

a) Necropsia.
b) *Exitus*.
c) Embalsamamiento.
d) Tanatopraxia.

16. Un enterótomo es un instrumento que no se utiliza para la disección de:

a) Estómago.
b) Tráquea.
c) Huesos.
d) Intestinos.

17. La mesa de autopsias debe medir:

a) 2,10 por 0,75 m.
b) 2,10 por 0,90 m.
c) 1,90 por 0,75 m.
d) 2,10 por 2,10 m.

18. La autopsia clínica tiene como fin:

a) Determinar las circunstancias de la muerte del fallecido.
b) Realizar un informe para la autoridad judicial.
c) Estudiar las alteraciones morfológicas de órganos y tejidos a causa de la enfermedad.
d) Analizar restos humanos encontrados en extrañas circunstancias.

19. Indique en qué cadáver, según la causa de fallecimiento, podría prohibirse las técnicas de tanatopraxia, tanatoestética y/o tanatoplastia. Personas cuya defunción se deba a:

a) Rabia.
b) Neumonía.
c) Cáncer.
d) Infarto.

20. ¿Cuándo está indicada la autopsia clínica?

a) Muertes ocurridas en las primeras 24 horas tras el ingreso en un hospital.
b) Cadáveres no identificados.
c) Muerte de pacientes por procedimientos clínicos-quirúrgicos.
d) Para elaborar un informe forense.

21. La técnica para realizar una autopsia que consiste en extraer los órganos en tres bloques, cuello y tórax, abdomen y retroperitoneo, realizándose la disección separada de cada bloque, se llama:

a) Técnica de Ghon.
b) Técnica de Tetulle.
c) Técnica de Calais.
d) Técnica de Virchow.

22. ¿Cuál es la protección de barrera más importante en la sala de autopsias?

a) Batas desechables.
b) Mascarillas y gafas.
c) Guantes desechables.
d) Lavado de manos.

23. ¿Qué se recomienda para prevenir salpicaduras de sangre en la sala de autopsias?

a) Uso de batas impermeables.
b) Uso de mascarillas de alta resolución.
c) Correcta colocación de batas desechables.
d) Lavado de manos frecuente.

24. ¿Qué desinfectante se utiliza en la actualidad para la desinfección de suelos y superficies en la sala de autopsias y presenta una triple acción: desinfectante, decolorante y desodorante?

a) Detergentes.
b) Compuestos clorados.
c) Alcoholes.
d) Biguanidas.

25. ¿Qué precauciones deben tomar las personas que accedan a la habitación donde se encuentra el cadáver con patología contagiosa antes de proceder al traslado?

a) Deben estar protegidos con una bata desechable, unos guantes y una mascarilla quirúrgica.
b) Deben estar protegidos con un delantal de caucho y zapatos cerrados resistentes.
c) Deben estar protegidos con una bata de algodón y guantes de látex.
d) No necesitan ninguna protección.

26. El control sanitario de los cementerios y la sanidad mortuoria corresponde a:

a) El personal sanitario.
b) El personal estatutario no sanitario.
c) Las corporaciones locales.
d) El área de salud correspondiente.

27. La valoración y certificación de la muerte es competencia:

a) Del personal médico.
b) Del personal sanitario no facultativo.
c) Solo del personal presente en el momento del fallecimiento.
d) Del personal médico o DUE de guardia.

28. ¿Cuál es el objetivo de la "Negociación" según Kübler-Ross?

a) Aceptar plenamente la enfermedad.
b) Experimentar ira y frustración.
c) Intentar negociar un cambio de destino.
d) Mostrar total indiferencia.

29. ¿Cuál de los siguientes desinfectantes se cataloga como débil y se emplea para la limpieza de heridas y para facilitar la retirada de apósitos?

a) Yodo.
b) Fenoles.
c) Agua oxigenada o peróxido de hidrógeno.
d) Formol.

30. ¿Qué se debe hacer una vez que el cadáver esté adecuadamente colocado en la bolsa sanitaria estanca?

a) Se puede sacar sin riesgo para conservarlo en el depósito mortuorio, colocarlo en un ataúd para llevarlo al tanatorio, enviarlo al crematorio o realizar el entierro.
b) Se debe dejar en la habitación de aislamiento durante 24 horas.
c) Se debe realizar una autopsia inmediatamente.
d) Se debe dejar en la bolsa durante 14 días para asegurar que no hay riesgo de infección.

En MADTEST tienes **más preguntas de este tema**, y todos tus avances quedan registrados y se reflejan en el ranking.

¡Supera tus límites con MADTEST!

Solución al test n.º 15

1. b) Sudario.

2. a) 5 años.

3. c) 3 horas de la muerte.

4. b) Las bacterias.

5. a) Las técnicas de reconstrucción de los cadáveres.

6. b) Crematorio.

7. a) Corporaciones Locales.

8. b) El facultativo responsable.

9. d) Livideces.

10. a) 4 fases.

11. a) El traslado de los cadáveres al mortuorio.

12. a) Deben ser cerrados.

13. a) 4 ºC.

14. b) Acero inoxidable.

15. a) Necropsia.

16. d) Intestinos.

17. a) 2,10 por 0,75 m.

18. c) Estudiar las alteraciones morfológicas de órganos y tejidos a causa de la enfermedad.

19. a) Rabia.

20. a) Muertes ocurridas en las primeras 24 horas tras el ingreso en un hospital.

21. a) Técnica de Ghon.

22. c) Guantes desechables.

23. c) Correcta colocación de batas desechables.

24. b) Compuestos clorados.

25. a) Deben estar protegidos con una bata desechable, unos guantes y una mascarilla quirúrgica.

26. c) Las corporaciones locales.

27. a) Del personal médico.

28. c) Intentar negociar un cambio de destino.

29. c) Agua oxigenada o peróxido de hidrógeno.

30. a) Se puede sacar sin riesgo para conservarlo en el depósito mortuorio, colocarlo en un ataúd para llevarlo al tanatorio, enviarlo al crematorio o realizar el entierro.

Movilización y traslado de pacientes: posiciones anatómicas; nomenclatura de las posiciones, de las direcciones, de los planos, de las secciones y de las cavidades; tipos de movilización; principios básicos de una movilización correcta; posiciones más frecuentes. Traslado de pacientes: técnicas de movilización y traslado de pacientes en un hospital

1. Los ejes longitudinal y sagital forman el plano:

a) Frontal.
b) Transversal.
c) Horizontal.
d) Sagital.

2. ¿Dónde se localiza la cavidad pélvica?

a) En la cavidad torácica.
b) En la cavidad pleural.
c) En la cavidad peritoneal.
d) En la cavidad abdominal.

3. El movimiento de la imagen se denomina:

a) Abducción.
b) Aducción.
c) Flexión.
d) Rotación.

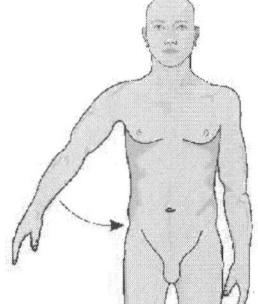

4. ¿Qué material de estos no es necesario para realizar los cambios posturales del paciente?

a) Almohadas, cojines y ropa limpia.
b) Férulas y a veces protectores de protuberancia.

c) Jabón y antisépticos.
d) Son todos necesarios.

5. Los cambios posturales del enfermo encamado para prevenir la aparición de úlceras se efectuarán cada:

a) 2-3 horas.
b) 4-5 horas.
c) 6-8 horas.
d) 12 horas.

6. ¿Qué es falso de la posición de decúbito supino?

a) Es una posición utilizada para la exploración del tórax, abdomen, piernas y pies.
b) Se emplea para comenzar con la higiene del enfermo y como punto de partida para diferentes movilizaciones.
c) El plano del cuerpo es paralelo al plano del suelo y al plano horizontal de la cama o camilla.
d) Sus piernas están extendidas y sus brazos alineados a lo largo del cuerpo, estando el paciente acostado sobre su abdomen y pecho.

7. La posición semiprona es:

a) La posición de Fowler.
b) La posición de semiFowler.
c) La posición de Roser.
d) La posición de Sims.

8. Ante situaciones de shock (especialmente hipovolémico) o en casos de lipotimias, hay que colocar al paciente en la posición de:

a) Trendelenburg.
b) Morestin.
c) Roser.
d) Fowler.

9. La posición mahometana es:

a) La posición de litotomía.
b) La posición de Fowler.
c) La posición de Morestin.
d) La posición genupectoral.

10. Cuando la movilización la realiza el propio paciente con la supervisión (sin ayuda física) del profesional sanitario, se dice que es:

a) Activa.
b) Activa auxiliada.

c) Pasiva supervisada.
d) Pasiva.

11. Las movilizaciones realizadas por el fisioterapeuta sobre los distintos segmentos corporales del paciente se denominan:

a) Inmovilizadas.
b) Activas contrarresistencia.
c) Pasivas.
d) Activas con resistencia.

12. ¿Qué consecuencia sobre la función respiratoria es cierta por el inmovilismo?

a) Aumento en los requerimientos de oxígeno.
b) Aumenta la capacidad respiratoria.
c) Se tiende instintivamente a respirar de forma más rápida y superficial.
d) Hay una estasis de secreciones, que puede acumularse y favorecer el medio para el crecimiento bacteriano.

13. Las úlceras por presión se evitan:

a) Con una sistemática de cambios posturales frecuentes.
b) La necesidad de una aplicación adecuada de buenas posiciones no es prioritaria.
c) Tomando todos los días la medicación recomendada.
d) Son ciertas las respuestas a) y c).

14. ¿Qué maniobra es la primera que hay que hacer si queremos transferir un enfermo de la cama a un sillón?

a) Colocar el sillón paralelo a la cama y a la altura de los pies.
b) Colocar al paciente en la orilla de la cama.
c) Sentar al paciente en la cama con las piernas por fuera.
d) Colocar el sillón paralelo al familiar del paciente.

15. ¿Cómo se denominan los pacientes que sufren parálisis de las extremidades inferiores y superiores?

a) Hemipléjicos.
b) Hemiparésicos.
c) Tetrapléjicos.
d) Paraparésicos.

16. La movilización del paciente de una zona a otra dentro del Hospital se denomina:

a) Movilización del paciente/usuario.
b) Traslado intrahospitalario.

c) Transporte.
d) Ninguno de los anteriores es cierto.

17. ¿Cuándo está indicado el uso de bastones en los enfermos?

a) Cuando estos pacientes sufren hemiplejia derecha que permite la marcha.
b) Cuando estos pacientes sufren tetraplejia.
c) Cuando estos pacientes sufren fractura bilateral de caderas.
d) Cuando estos pacientes tienen luxaciones de ambas rótulas.

18. ¿Qué indicaciones son las más frecuentes de las muletas de aluminio?

a) Esguinces.
b) Enfermos tetrapléjicos.
c) Enfermos parapléjicos.
d) Son ciertas las respuestas b) y c).

19. ¿Cuál de estas ayudas es autoestable?

a) Pasamanos.
b) Barras paralelas.
c) Bastones multipodales.
d) Ninguna de las anteriores.

20. ¿Cómo se denominan los dispositivos metálicos que por medio de una bomba hidráulica y de determinados complementos, permiten la elevación, transporte y acomodamiento de personas en diferentes lugares (cama, baño, etc.)?

a) Rueda de hombros.
b) Grúas.
c) Bipedestadores.
d) Jaula de Böhler.

21. Su utilización más común es la de fortalecimiento de cuádriceps:

a) Banco de Colson.
b) Mesa de Kanavel.
c) Discos de Böhler.
d) Tablero actividades de la vida diaria.

22. ¿Cuál de las siguientes tareas pueden realizar los distintos tipos de bipedestadores?

a) Ayudar al paciente a posicionarse y permanecer en bipedestación.
b) Trasladar de forma cómoda y segura a un paciente hasta una silla/sillón o silla de ruedas, para posteriormente posicionarlo correctamente.

c) Trasladar a un paciente hasta el baño, para transferirlo al WC.

d) Todas las opciones son correctas.

23. ¿Cuál de los siguientes modelos de grúas activas ofrece un medio de transporte alternativo a la silla de ruedas y fomenta la participación del paciente en las transferencias?

a) Modelo Stedy.

b) Grúa eléctrica para ejercicios de bipedestación.

c) Grúa activa con arneses específicos.

d) Grúa activa para traslado seguro al baño.

24. ¿Para qué se utilizan principalmente las grúas pasivas?

a) Elevar objetos pesados.

b) Ayudar al paciente a ponerse de pie.

c) Transportar pacientes en sillas de ruedas.

d) Realizar ejercicios de movilidad en pacientes.

25. ¿Qué característica común suelen tener las grúas pasivas eléctricas?

a) Batería recargable.

b) Separación ajustable de las patas.

c) Mando a distancia.

d) Arnés de diferentes tamaños y formas.

26. ¿Cuál es el plano que divide nuestro cuerpo en una parte anterior y otra posterior?

a) El plano frontal.

b) El plano sagital.

c) El plano transversal.

d) El plano oblicuo.

27. ¿Qué ángulo forma el paciente que se encuentra en la posición de Fowler semisentado, con la cabecera levantada y piernas ligeramente flexionadas?

a) 15º.

b) 30º.

c) 45º.

d) 60º.

28. ¿Qué función es la alterada debida al inmovilismo si se produce la presencia de una deprivación sensorial al disminuir los estímulos sensoriales (visuales, auditivos, táctiles…) que lleva al paciente a una mayor dependencia?

a) La función respiratoria.

b) La función motriz.

c) La función cognitiva.
d) La función metabólica.

29. ¿En qué situación de estas está contraindicada la movilidad del paciente?

a) Pacientes no colaboradores.
b) Pacientes inconscientes.
c) Enfermos con traumatismo craneoencefálico.
d) Enfermos con depresión.

30. Se utiliza para realizar diferentes ejercicios propioceptivos:

a) Discos de Böhler.
b) Bosu.
c) Jaula de Rocher.
d) Banco de Colon.

En MADTEST tienes **más preguntas de este tema**, y todos tus avances quedan registrados y se reflejan en el ranking.

¡Supera tus límites con MADTEST!

Solución al test n.º 16

1. d) Sagital.

2. d) En la cavidad abdominal.

3. b) Adducción.

4. c) Jabón y antisépticos.

5. a) 2-3 horas.

6. d) Sus piernas están extendidas y sus brazos alineados a lo largo del cuerpo, estando el paciente acostado sobre su abdomen y pecho.

7. d) La posición de Sims.

8. a) Trendelenburg.

9. d) La posición genupectoral.

10. a) Activa.

11. c) Pasivas.

12. d) Hay una estasis de secreciones, que puede acumularse y favorecer el medio para el crecimiento bacteriano.

13. a) Con una sistemática de cambios posturales frecuentes.

14. a) Colocar el sillón paralelo a la cama y a la altura de los pies.

15. c) Tetrapléjicos.

16. b) Traslado intrahospitalario.

17. a) Cuando estos pacientes sufren hemiplejia derecha que permite la marcha.

18. a) Esguinces.

19. c) Bastones multipodales.

20. b) Grúas.

21. a) Banco de Colson.

22. d) Todas las opciones son correctas.

23. a) Modelo Stedy.

24. c) Transportar pacientes en sillas de ruedas.

25. a) Batería recargable.

26. a) El plano frontal.

27. c) 45º.

28. c) La función cognitiva.

29. c) Enfermos con traumatismo craneoencefálico.

30. a) Discos de Böhler.

Traslado de documentos y de objetos: manejo y traslado de documentación sanitaria. Concepto de historia clínica. Derecho a la información y a la confidencialidad. Cita previa. Suministros: internos y externos; recepción y almacenaje de mercancías; organización del almacén; distribución de pedidos. Actuación del celador/de la celadora en la farmacia y en el animalario

1. El código de la historia individual, se encuentra compuesto por un total de:

a) Ocho dígitos.
b) Nueve dígitos.
c) Siete dígitos.
d) Diez dígitos.

2. Respecto al consentimiento informado es cierto que:

a) El consentimiento será siempre verbal.
b) El consentimiento será libre y voluntario.
c) Se realizará antes de recibir la información adecuada, para que tenga lugar una actuación que afecta a su salud.
d) El paciente no podrá revocar libremente por escrito su consentimiento.

3. ¿Cómo se denomina al documento emitido por el médico responsable en un centro sanitario al finalizar cada proceso asistencial de un paciente, que especifica los datos de este, un resumen de su historial clínico, la actividad asistencial presta-da, el diagnóstico y las recomendaciones terapéuticas?

a) Informe de alta médica.
b) Consentimiento informado.
c) Certificado médico.
d) Todas son correctas.

4. ¿Qué contenido mínimo es exigible en la cumplimentación de una historia clínica cuando se trate de procesos de hospitalización o así se disponga?

a) El informe clínico de alta.
b) La aplicación terapéutica de enfermería.
c) La evolución y planificación de cuidados de enfermería.
d) Los informes de exploraciones complementarias.

5. Los centros sanitarios tienen la obligación de conservar la documentación clínica en condiciones que garanticen su correcto mantenimiento y seguridad, y como mínimo:

a) Dos años contados desde la fecha del alta de cada proceso asistencial.
b) Tres años contados desde la fecha del alta de cada proceso asistencial.
c) Cuatro años contados desde la fecha del alta de cada proceso asistencial.
d) Cinco años contados desde la fecha del alta de cada proceso asistencial.

6. Se denomina Historia clínica:

a) Todo dato, cualquiera que sea su forma, clase o tipo, que permite adquirir o ampliar conocimientos sobre el estado físico y la salud de una persona o la forma de preservarla, cuidarla, mejorarla o recuperarla.
b) El documento emitido por el médico responsable en un centro sanitario al finalizar cada proceso asistencial de un paciente.
c) La declaración escrita de un médico que dé fe del estado de salud de una persona en un determinado momento.
d) El conjunto de documentos que contienen los datos, valoraciones e informaciones de cualquier índole sobre la situación y la evolución clínica de un paciente a lo largo del proceso asistencial.

7. En relación con las cartas certificadas, si no pudiera entregarse, se advertirá al receptor mediante un aviso de que dispone, para recoger el envío en una oficina de Correos, de:

a) Diez días.
b) Quince días.
c) Veinte días.
d) Un mes.

8. La condición de conservar los esputos en la nevera a 4 ºC es:

a) La imposibilidad de ser procesados antes de 1 hora.
b) La imposibilidad de ser procesados antes de 2 horas.
c) La imposibilidad de ser procesados antes de 1/2 horas.
d) Nunca deben ser conservados en la nevera ya que que no se produce alteración alguna.

9. Uno de los siguientes no es un dato básico a incluir en el anverso de la tarjeta sanitaria:

a) Nombre y apellidos del titular de la tarjeta.
b) Código de identificación de la administración sanitaria emisora de la tarjeta.
c) Identidad institucional de la Comunidad Autónoma o Entidad que la emite.
d) Nombre del Facultativo y dirección del Centro de Salud.

10. ¿A qué órgano le corresponde establecer los requisitos y los estándares necesarios sobre los dispositivos que las tarjetas incorporen para almacenar la información básica?

a) A la Consejería de Sanidad de la Comunidad Autónoma correspondiente.
b) A los Ayuntamientos.
c) Al Ministerio de Sanidad.
d) Al Servicio de Salud de cada Comunidad Autónoma.

11. El celador es el responsable del traslado de las Historias Clínicas y documentación complementaria desde la unidad hospitalaria correspondiente al:

a) Fichero.
b) Archivo de consulta.
c) Archivo central.
d) Libro de registro.

12. ¿Qué tipo de datos no se deben de incluir en la historia clínica?

a) Datos clínico-asistenciales.
b) Datos de identificación de la persona paciente.
c) Datos de carácter personal del paciente (ideología, religión, etc.).
d) Datos sociales que sean pertinentes para la asistencia sanitaria.

13. En relación con el derecho de acceso a la Historia Clínica es cierto que:

a) El paciente tiene derecho de acceso a la Historia Clínica pero no a obtener copia de los datos que constan en ella.
b) El paciente no tiene derecho de acceso a la Historia Clínica completa y a obtener copia de los datos que constan en ella.
c) El paciente tiene derecho de acceso a la Historia Clínica con la reserva de las anotaciones subjetivas de los facultativos, y a obtener copia de los datos que constan en ella.
d) Los pacientes no tienen acceso a la Historia Clínica sino que únicamente son los facultativos quienes acceden, anotan y modifican dichas historias.

14. ¿Qué etapa del diseño de un sistema de información sanitaria es aquella que identifica los elementos que lo componen, relaciones entre ellos y los objetivos a alcanzar?

a) Identificación de los niveles de decisión.
b) Definición del sistema.
c) Definición de las funciones de sus elementos.
d) Identificación de los tipos de decisión.

15. ¿Qué documentos clínicos no se utilizan en atención primaria?

a) Historia de enfermería.
b) Historia médica.
c) Impreso de citación.
d) Hoja de evolución médica.

16. ¿Cada cuánto tiempo generalmente se deben actualizar las órdenes de tratamientos?

a) Cada día.
b) Cada tres días.
c) Cada semana.
d) Cada mes.

17. ¿Quién cumplimenta la hoja operatoria conocida como hoja de enfermería?

a) Enfermera responsable de planta.
b) Enfermera responsable de quirófano.
c) Enfermera responsable de urgencias.
d) Indiferentemente los indicados en las respuestas a) o b).

18. El consumo de alcohol, como hábito tóxico, se debe expresar en la Historia Clínica como:

a) Centímetros cúbicos de alcohol al día.
b) Volumen total de etanol en una semana.
c) Gramos de etanol al día.
d) Masa total de alcohol en una semana.

19. ¿Cuál es la técnica de clasificación secuencial de la Historia clínica más frecuente hoy día como consecuencia de la entrada de los sistemas informáticos en sanidad?

a) Por orden alfabético.
b) Por orden correlativo.

c) Por orden de apertura.
d) Por orden numérico.

20. ¿Qué aspecto no se recoge en la cara exterior de la carpeta con datos administrativos como documentación básica de la Historia Clínica Hospitalaria?

a) N.º de Historia.
b) Nombre y apellidos.
c) N.º de estudios radiológicos que se entregan para archivo.
d) N.º de cama.

21. ¿Qué se entiende por la declaración escrita de un médico que dé fe del estado de salud de una persona en un determinado momento?

a) Documentación Sanitaria.
b) Certificado médico.
c) Consentimiento informado.
d) Historia Clínica.

22. ¿Cómo se denomina el documento emitido por el médico responsable en un centro sanitario al finalizar cada proceso asistencial de un paciente, que especifica los datos de este, un resumen de su historial clínico, la actividad asistencial prestada, el diagnóstico y las recomendaciones terapéuticas?

a) Certificado médico.
b) Informe de alta médica.
c) Informe de evaluación médica.
d) Consentimiento informado.

23. ¿Cómo debe ser necesariamente el consentimiento informado de un paciente?

a) La conformidad libre, voluntaria e inconsciente (sin necesidad de estar en pleno uso de sus facultades).
b) La conformidad forzada, voluntaria e consciente o/e inconsciente (sin necesidad de estar en pleno uso de sus facultades).
c) La conformidad forzada, involuntaria y consciente (con necesidad de estar en pleno uso de sus facultades).
d) La conformidad libre, voluntaria y consciente (con necesidad de estar en pleno uso de sus facultades).

24. El acceso a la historia clínica con fines asistenciales corresponde a:

a) Los tribunales.
b) Los profesionales asistenciales del centro que realizan el diagnóstico o el tratamiento del paciente.

c) Los profesionales no asistenciales del centro que realizan el diagnóstico o el tratamiento del paciente.

d) Los profesionales asistenciales y no asistenciales del centro que realizan el diagnóstico o el tratamiento del paciente.

25. ¿Cuántos años como mínimo (contados desde la fecha del alta de cada proceso asistencial), los centros sanitarios tienen la obligación de conservar la documentación clínica en condiciones que garanticen su correcto mantenimiento y seguridad?

a) 2.
b) 5.
c) 10.
d) 25.

26. La carpeta con datos administrativos recoge una información en su cara exterior con lo siguiente:

a) Orden de las hojas de la Historia Clínica en el momento del alta.
b) Claves de cada servicio.
c) Número de estudios radiológicos que se entregan para archivo.
d) Fecha de ingreso.

27. ¿Qué Ley regula la autonomía del paciente y los derechos y obligaciones en materia de información y documentación clínica?

a) La Ley 41/2002, de 14 de noviembre.
b) La Ley 4/2002, de 11 de noviembre.
c) La Ley 12/2002, de 3 de noviembre.
d) La Ley 32/2003, de 13 de noviembre.

28. ¿Qué ocurre si un paciente no acepta el tratamiento prescrito?

a) Se pondrá en conocimiento de la familia para que confirme o revoque la decisión.
b) Se propondrá al paciente o usuario la firma del alta voluntaria.
c) Se dispondrá el alta forzosa en las condiciones reguladas por ley.
d) Se pondrá en conocimiento de un juez.

29. ¿Quién cumplimenta la hoja de ingreso hospitalario?

a) Técnico auxiliar de planta.
b) Personal administrativo de admisión.
c) Personal administrativo de urgencias médicas y consultas externas.
d) Diplomado de Enfermería en Triaje.

30. ¿Quién no tendrá derecho a recibir el informe de alta del centro, servicio o establecimiento sanitario, una vez finalizado el proceso asistencial?

a) Paciente.
b) Familiar.
c) Amigo (con vínculos).
d) Amigo (conocido sin vínculos).

31. Está obligado a guardar secreto profesional:

a) El médico especialista.
b) El médico y el técnico especialista.
c) Todos los que intervengan en la acción sanitaria del paciente.
d) El médico, el técnico especialista, el enfermero y el TCAE.

32. El tiempo de vigencia del secreto profesional es hasta:

a) La duración de la relación con el paciente.
b) Toda la vida del paciente.
c) Los tres meses después de la relación con el paciente.
d) Incluso hasta después de la muerte del paciente.

33. ¿Qué condición es aquella que posee el secreto profesional del deber de guardar el hecho conocido cuando este pueda producir resultados nocivos o injustos sobre el paciente si se viola el mismo?

a) Condición moral.
b) Condición jurídica.
c) Condición legal.
d) Condición legítima.

34. ¿A quién obliga el secreto profesional a nivel de profesionales de la sanidad constituyentes de equipos o grupos de trabajo?

a) A los facultativos.
b) A los enfermeros.
c) A los auxiliares de enfermería.
d) A los profesionales integrantes del grupo de trabajo.

35. Cualquier menosprecio al secreto profesional será contrario a:

a) Los principios deontológicos de la práctica sanitaria.
b) Los principios éticos de la práctica sanitaria.
c) Los principios éticos y deontológicos de la práctica sanitaria.
d) Los principios éticos, deontológicos y legales de la práctica sanitaria.

36. La violación del secreto profesional puede ocasionar:

a) Exclusivamente responsabilidad civil.
b) Exclusivamente responsabilidad penal.
c) Responsabilidad civil y responsabilidad penal.
d) Responsabilidad profesional o estatutaria, responsabilidad civil y responsabilidad penal.

37. ¿Qué otro requisito de un contrato se requiere junto a los de la causa y el objeto del mismo?

a) Confidencialidad.
b) Protección de datos.
c) Consentimiento.
d) Son ciertas las respuestas a) y c).

38. ¿En qué contexto socioeconómico, sanitario y sociocultural se da el actual consentimiento informado?

a) Paternalista.
b) Bajo el principio de beneficencia.
c) Autonomía y capacidad de decisión del propio paciente.
d) Eugenésico y paternalista.

39. Los profesionales sanitarios no tienen el deber ético de:

a) Respetar del paciente su autonomía, su voluntad y sus decisiones.
b) Actuar con justicia y con discriminación.
c) Evitar el mal y buscar el bien de los pacientes.
d) De todo lo anterior.

40. ¿Cómo se actuará cuando debido a una situación de urgencia, no pueda obtenerse el consentimiento adecuado del afectado?

a) Se informará a la guardia civil del hecho.
b) Se informará a su médico de cabecera.
c) Se podrá proceder inmediatamente a cualquier intervención indispensable desde el punto de vista médico a favor de la salud de la persona afectada.
d) No se podrá hacer nada de lo anterior.

41. ¿Qué fundamento ético es aquel que exige que todas las personas sean tratadas con el mismo respeto y consideración en el orden social?

a) Justicia.
b) No maleficencia.

c) Autonomía.
d) Beneficencia.

42. El consentimiento informado (aceptación):

a) Culmina siempre con la aceptación del paciente a un procedimiento diagnóstico o terapéutico.
b) Culmina con la aceptación/negación del paciente a un procedimiento diagnóstico o terapéutico.
c) Se contempla como un proceso de transmisión de responsabilidades hacia el paciente.
d) Debe constar siempre por escrito.

43. Si un paciente se niega a firmar el Consentimiento Informado:

a) El médico especialista tiene el deber de ejercer la presión necesaria para que cambie de opinión, ya que es lo mejor para su salud.
b) Se le debe instar a firmar su "no autorización" y el alta voluntaria.
c) El enfermo tiene la obligación de revelar por escrito las causas que le llevan a tomar esta decisión.
d) El enfermo no puede negarse, bajo ningún concepto.

44. El derecho de toda persona a que se respete el carácter confidencial de los datos referentes a su salud, se trata del derecho a:

a) La salud.
b) La intimidad.
c) La autonomía.
d) La vida.

45. Según normativa, ¿quién es el titular de derecho a la información asistencial?

a) Exclusivamente el paciente.
b) El paciente y sus familiares.
c) El paciente, sus familiares y si lo hubiese el tutor legal o responsable.
d) El paciente y su cónyuge exclusivamente.

46. Indica la respuesta correcta:

a) Toda persona tiene derecho a que se respete su voluntad de no ser informada.
b) La información, que como regla general, se proporcionará por escrito.
c) Ambas son correctas.
d) El derecho a la información asistencial, se regula en el artículo 5 de la Ley 41/2002.

47. La información comprende como mínimo:

a) La finalidad de cada intervención.
b) La naturaleza de cada intervención.

c) Sus riesgos y consecuencias.
d) Todas son correctas.

48. La información clínica será, según indica el artículo 4 de la Ley 41/2002:

a) Breve.
b) Coherente.
c) Adecuada a sus necesidades.
d) Ninguna es correcta.

49. La finalidad de la información clínica es:

a) Dar asistencia sanitaria.
b) Ayudar a tomar una decisión de acuerdo con su propia y libre voluntad.
c) Garantizar el derecho a la información.
d) Cumplir con la obligación establecida.

50. Los pacientes tienen derecho a conocer, con motivo de cualquier actuación en el ámbito de su salud, toda la información disponible sobre la misma:

a) Siempre.
b) Salvando los supuestos exceptuados por la ley.
c) Salvo excepciones establecidas reglamentariamente.
d) Salvo por razones de interés público.

51. A tenor del artículo 8.1 de la Ley 41/2002, de 14 de noviembre, básica reguladora de la autonomía del paciente y de derechos y obligaciones en materia de información y documentación clínica, toda actuación en el ámbito de la salud de un paciente necesita, una vez que, recibida la información prevista en el artículo 4 de dicha ley, haya valorado las opciones propias del caso, el consentimiento:

a) Claro y firme del afectado.
b) Expreso y libre del afectado.
c) Voluntario y objetivo del afectado.
d) Libre y voluntario del afectado.

52. Según dispone el artículo 8.2 de la Ley 41/2002, de 14 de noviembre, básica reguladora de la autonomía del paciente y de derechos y obligaciones en materia de información y documentación clínica, por regla general, el consentimiento informado será:

a) Escrito.
b) Formal.
c) Verbal.
d) Tácito.

53. Señala en cuál de los siguientes casos el consentimiento informado por parte del paciente podrá ser prestado oralmente:

a) En procedimientos diagnósticos y terapéuticos invasores.
b) En las intervenciones quirúrgicas.
c) En casos de riesgo para la salud pública.
d) En aplicación de procedimientos que suponen riesgos o inconvenientes de notoria y previsible repercusión negativa sobre la salud del paciente.

54. ¿Cuándo dispone la Ley 41/2002, de 14 de noviembre, básica reguladora de la autonomía del paciente y de derechos y obligaciones en materia de información y documentación clínica, que el paciente podrá revocar el consentimiento válidamente por él prestado?

a) En cualquier momento.
b) Hasta 24 horas antes de la intervención quirúrgica.
c) Hasta 72 horas antes de la intervención quirúrgica.
d) Una vez otorgado el consentimiento no podrá revocarse.

55. ¿Cuándo establece la Ley 41/2002, de 14 de noviembre, básica reguladora de la autonomía del paciente y de derechos y obligaciones en materia de información y documentación clínica, que la renuncia del paciente a recibir información podrá estar limitada?

a) Por el interés de la salud de terceros y de la colectividad.
b) Por las exigencias terapéuticas del caso.
c) Por el interés de la salud del propio paciente.
d) Todas las respuestas son correctas.

56. ¿A qué se denomina, desde un punto de vista jurídico (Código Civil) la conformidad de voluntades entre los contrarios, o sea, entre la oferta y su aceptación?

a) Consentimiento.
b) Corresponsabilidad.
c) Confidencialidad.
d) Confianza.

57. ¿En qué ley española se define el consentimiento informado como *la conformidad libre, voluntaria y consciente de un paciente, manifestada en el pleno uso de sus facultades después de recibir la información adecuada, para que tenga lugar una actuación que afecta a su salud*?

a) Ley de Prevención de Riesgos Laborales.
b) Ley de Autonomía del paciente.
c) Ley de garantías y uso racional de los medicamentos y productos sanitarios.
d) Ley de Protección de datos.

58. ¿Cómo se informará asistencialmente como norma general?

a) Por mail.
b) Por escrito reglado.
c) Verbalmente.
d) Por escrito no reglado.

59. La obligación permanente de silencio que contrae cualquier profesional sanitario respecto a todo lo sabido o intuido sobre una o más personas en el transcurso de su relación profesional se llama:

a) Consentimiento informado.
b) Secreto profesional.
c) Incompatibilidad.
d) *Habeas corpus*.

60. ¿A quién le corresponde garantizar el cumplimiento del derecho a la información?

a) Únicamente el médico responsable.
b) Los familiares.
c) El representante legal.
d) El médico responsable o los profesionales que atienden durante el proceso asistencial o apliquen técnicas o procedimientos concretos.

61. ¿De quién depende el Servicio de Farmacia que existe en la mayoría de los Hospitales?

a) De la Gerencia.
b) De la Dirección Médica.
c) De la Dirección de Gestión y Servicios Generales.
d) De la División de Enfermería.

62. ¿Cómo se denomina a toda materia, cualquiera que sea su origen a la que se atribuye una actividad apropiada para constituir un medicamento?

a) Excipiente.
b) Principio activo.
c) Fórmula magistral.
d) Premezcla.

63. ¿Qué nombre recibe la disposición a que se adaptan los principios activos y excipientes para constituir un medicamento?

a) Forma magistral.
b) Forma excepcional.

c) Forma copérnica.
d) Forma farmacéutica.

64. Señala cuál de las siguientes no es una de las características mínimas que ha de reunir la zona estéril del Área de citostáticos:

a) Ha de contar con una campana de flujo laminar vertical.
b) Debe disponer de una habitación separada con presión positiva.
c) No ha de tener recirculación de aire ni aire acondicionado ambiental.
d) Debe contar con un área o zona aislada físicamente del resto del servicio en la que no se realicen otras operaciones.

65. ¿Qué tipo de inventario requiere un recuento sistemático de las existencias durante todo el ejercicio con el fin de determinar el número de veces que se consume y se repone la mercancía a lo largo del año?

a) El inventario tradicional.
b) El inventario cíclico.
c) El inventario rotativo.
d) El inventario periódico o estacional.

66. No es una de las funciones propias de un celador en el Almacén General del Hospital:

a) Dispensar el material que le sea solicitado mediante un vale firmado debidamente por el solicitante.
b) Recepcionar el suministro mediante cotejo del albarán de entrega.
c) Informar al responsable del Almacén de las entradas diarias de material.
d) Vigilar las entradas y salidas del almacén.

67. ¿Qué tipo de clasificación ordena los artículos en clases «A», «B» y «C»?

a) Ley 70-30.
b) La clasificación ADR.
c) El método LIFO.
d) La clasificación de Pareto.

68. ¿Cuál es el primer paso en el proceso de adquisición de los suministros?

a) La planificación de adquisiciones.
b) La petición de material.
c) La previsión de aprovisionamientos.
d) El procedimiento administrativo de contratación.

69. ¿Cuál, seguramente, es la labor más importante de todo el sistema de suministro, ya que el buen o mal funcionamiento de la misma significará o no la disponibilidad de un stock físico fiable y de los controles que lo garanticen?

a) La recepción/revisión de mercancías-
b) El reaprovisionamiento.
c) La gestión de stock.
d) El mapa de almacén.

70. ¿Cómo se denomina la actividad de salud pública que tiene por objetivo la identificación, cuantificación, evaluación y prevención de los riesgos del uso de los medicamentos una vez comercializados, permitiendo así el seguimiento de los posibles efectos adversos de los medicamentos:

a) Farmacovigilancia.
b) Farmacontrol.
c) Farmacoterapia.
d) Farmacosupervisión.

71. ¿Cómo se denomina la zona de un almacén sanitario donde se llevan a cabo las tareas de comprobación de los paquetes y albaranes?

a) Zona de Entrada de mercancías.
b) Zona de Control de mercancías.
c) Zona de Recepción de mercancías.
d) Zona de almacén propiamente dicho.

72. Los controles de stock se refieren:

a) Al material almacenable.
b) Al material no almacenable.
c) Al material almacenable y no almacenable.
d) Son iguales a los controles que se hacen diariamente de los albaranes.

73. Según Pareto un 20 % de los pedidos va a representar de las existencias un porcentaje del:

a) 30 %.
b) 50 %.
c) 65 %.
d) 80 %.

74. ¿Cuál de estos almacenes encaja como almacén de materiales para el funcionamiento del Centro Sanitario?

a) Almacén de material clínico fungible.
b) Almacén de papelería.

c) Almacén de lencería.
d) Almacén de farmacia.

75. El almacén de farmacia pertenece a los almacenes de:

a) Materiales de uso relacionado directamente con los enfermos.
b) Materiales de terapias.
c) Materiales para el funcionamiento del centro sanitario.
d) Materiales de diagnóstico.

76. ¿Qué simbología del código de barras es de las más empleadas a nivel internacional como símbolo de número de artículo?

a) ASCII.
b) EAN.
c) RIN.
d) RAN.

77. Todo lo que se expone sobre los códigos de barras es cierto, excepto:

a) Son sencillamente unas etiquetas con un número determinado de barras negras inscritas en ellas.
b) Cada barra tiene la posibilidad de representar un dígito particular de acuerdo con su posición en el código total.
c) Si el dígito está representado la barra es ancha; si el dígito no está presente la barra es fina.
d) Representan datos en una forma legible a simple vista y nunca por las máquinas.

78. Un celador destinado en el almacén de farmacia es requerido por un médico para que le suministre un analgésico. ¿Cuál debe ser su actuación?

a) Pasará la notificación al farmacéutico responsable.
b) Se lo dará, notificándolo posteriormente al farmacéutico responsable.
c) Se lo negará y avisará al jefe de personal subalterno.
d) Se lo dará, pero se lo comunicará a la Supervisora de guardia.

79. Señale la respuesta incorrecta en cuanto a la clasificación de Pareto:

a) Los artículos del tipo A serían aquellos que más se utilizan.
b) Los de clase B tendrían un consumo intermedio.
c) Los artículos del tipo A serían aquellos que se consumen menos y, como es lógico, tendrían una sustitución o rotación más lenta y se almacenarían en los lugares menos accesibles del almacén.
d) Los artículos del tipo A se guardarán en los lugares más próximos y de fácil acceso.

80. ¿Qué significa FIFO?

a) Five in, five off.
b) Fine in, fine over.
c) First in, first out.
d) Flirt ink, flirt on.

81. Señale cuál de las siguientes no es una fase de la tarea de suministro:

a) Revisión de ofertas.
b) Petición de material.
c) Gestión de stock.
d) Control económico.

82. El objeto último de los almacenes es:

a) Satisfacer las necesidades de los servicios.
b) Mantener los suministros del centro custodiados.
c) La custodia de los pedidos.
d) La distribución de pedidos.

83. La clasificación de Pareto ordena los artículos en clases A, B y C. Los artículos del tipo A son aquellos que:

a) Tendrían un consumo intermedio.
b) Más se utilizan y, por tanto, se guardan en los lugares más próximos y de fácil acceso.
c) Se consumen menos.
d) Son frágiles.

84. El criterio de valoración de mercancías denominado FIFO hace referencia a:

a) Primero en entrar, último en salir.
b) Último en entrar, primero en salir.
c) Primero en entrar, primero en salir.
d) Ninguna es correcta.

85. La actividad que hace referencia al conjunto de tareas cuya finalidad es aprovisionar de materiales al almacén y a los servicios sanitarios, se denomina:

a) Suministro.
b) Almacenaje.
c) Procedimiento administrativo de contratación.
d) Control de gestión.

86. ¿A quién corresponde en el método tradicional de distribución de medicamentos realizar los pedidos de los mismos?

a) A los celadores.
b) Al personal de enfermería.
c) A la supervisora de planta.
d) A los FIR (Farmacéuticos Internos Residentes).

87. Según la clasificación de Pareto, ¿qué artículos serán los que se consumen menos y, como es lógico, tendrán una sustitución o rotación más lenta y se almacenarán en los lugares menos accesibles del almacén?

a) Los de clase «A».
b) Los de clase «B».
c) Los de clase «C».
d) Tanto los de clase «B» como los de clase «C».

88. Para poder controlar las existencias de un almacén, desde el punto de vista logístico, se necesita conocer:

a) La ubicación de las mercancías en el interior del almacén.
b) El número de entradas de mercancías.
c) El número de salidas de mercancías.
d) El diseño arquitectónico del local y sus detalles.

89. El inventario que requiere un recuento sistemático de las existencias durante todo el ejercicio con el fin de determinar el número de veces que se consume y se repone la mercancía a lo largo del año se denomina:

a) Inventario tradicional.
b) Inventario innovador.
c) Inventario rotativo.
d) Inventario valorativo.

90. Las tareas encaminadas a proveer desde el almacén a las distintas unidades o servicios de una institución sanitaria del material necesario para poder llevar a cabo la actividad asistencial encomendada, se denomina:

a) Suministros generales.
b) Suministros internos.
c) Suministros externos.
d) Suministros urgentes.

91. Desde la emisión o última renovación de la autorización, los criadores, suministradores y usuarios deberán solicitar la confirmación o renovación de su autorización transcurridos:

a) 3 años.
b) 5 años.

c) 7 años.
d) 10 años.

92. Cuando se pueda elegir entre diversos procedimientos, se optará por aquellos que:

a) Utilicen el mayor número de animales.
b) Afecten a animales con la mayor capacidad de sentir dolor, sufrimiento, angustia o daño duradero.
c) Causen menor dolor, sufrimiento, angustia o daño duradero.
d) Sean más novedosos.

En MADTEST tienes **más preguntas de este tema**, y todos tus avances quedan registrados y se reflejan en el ranking.

¡Supera tus límites con MADTEST!

Solución al test n.º 17

1. a) Ocho dígitos.

2. b) El consentimiento será libre y voluntario.

3. a) Informe de alta médica.

4. a) El informe clínico de alta.

5. d) Cinco años contados desde la fecha del alta de cada proceso asistencial.

6. d) El conjunto de documentos que contienen los datos, valoraciones e informaciones de cualquier índole sobre la situación y la evolución clínica de un paciente a lo largo del proceso asistencial.

7. b) Quince días.

8. b) La imposibilidad de ser procesados antes de 2 horas.

9. d) Nombre del Facultativo y dirección del Centro de Salud.

10. c) Al Ministerio de Sanidad.

11. c) Archivo central.

12. c) Datos de carácter personal del paciente (ideología, religión, etc.).

13. c) El paciente tiene derecho de acceso a la Historia Clínica con la reserva de las anotaciones subjetivas de los facultativos, y a obtener copia de los datos que constan en ella.

14. b) Definición del sistema.

15. d) Hoja de evolución médica.

16. a) Cada día.

17. b) Enfermera responsable de quirófano.

18. c) Gramos de etanol al día.

19. b) Por orden correlativo.

20. c) N.º de estudios radiológicos que se entregan para archivo.

21. b) Certificado médico.

22. b) Informe de alta médica.

23. d) La conformidad libre, voluntaria y consciente (con necesidad de estar en pleno uso de sus facultades).

24. b) Los profesionales asistenciales del centro que realizan el diagnóstico o el tratamiento del paciente.

25. b) 5.

26. d) Fecha de ingreso.

27. a) La Ley 41/2002, de 14 de noviembre.

28. b) Se propondrá al paciente o usuario la firma del alta voluntaria.

29. b) Personal administrativo de admisión.

30. d) Amigo (conocido sin vínculos).

31. c) Todos los que intervengan en la acción sanitaria del paciente.

32. d) Incluso hasta después de la muerte del paciente.

33. a) Condición moral.

34. d) A los profesionales integrantes del grupo de trabajo.

35. d) Los principios éticos, deontológicos y legales de la práctica sanitaria.

36. d) Responsabilidad profesional o estatutaria, responsabilidad civil y responsabilidad penal.

37. c) Consentimiento.

38. c) Autonomía y capacidad de decisión del propio paciente.

39. b) Actuar con justicia y con discriminación.

40. c) Se podrá proceder inmediatamente a cualquier intervención indispensable desde el punto de vista médico a favor de la salud de la persona afectada.

41. a) Justicia.

42. b) Culmina con la aceptación/negación del paciente a un procedimiento diagnóstico o terapéutico.

43. b) Se le debe instar a firmar su "no autorización" y el alta voluntaria.

44. b) La intimidad.

45. a) Exclusivamente el paciente.

46. a) Toda persona tiene derecho a que se respete su voluntad de no ser informada.

47. d) Todas son correctas.

48. c) Adecuada a sus necesidades.

49. b) Ayudar a tomar una decisión de acuerdo con su propia y libre voluntad.

50. b) Salvando los supuestos exceptuados por la ley.

51. d) Libre y voluntario del afectado.

52. c) Verbal.

53. c) En casos de riesgo para la salud pública.

54. a) En cualquier momento.

55. d) Todas las respuestas son correctas.

56. a) Consentimiento.

57. b) Ley de Autonomía del paciente.

58. c) Verbalmente.

59. b) Secreto profesional.

60. d) El médico responsable o los profesionales que atienden durante el proceso asistencial o apliquen técnicas o procedimientos concretos.

61. b) De la Dirección Médica.

62. b) Principio activo.

63. d) Forma farmacéutica.

64. b) Debe disponer de una habitación separada con presión positiva.

65. c) El inventario rotativo.

66. a) Dispensar el material que le sea solicitado mediante un vale firmado debidamente por el solicitante.

67. d) La clasificación de Pareto.

68. c) La previsión de aprovisionamientos.

69. c) La gestión de stock.

70. a) Farmacovigilancia.

71. c) Zona de Recepción de mercancías.

72. a) Al material almacenable.

73. d) 80 %.

74. b) Almacén de papelería.

75. a) Materiales de uso relacionado directamente con los enfermos.

76. b) EAN.

77. d) Representan datos en una forma legible a simple vista y nunca por las máquinas.

78. a) Pasará la notificación al farmacéutico responsable.

79. c) Los artículos del tipo A serían aquellos que se consumen menos y, como es lógico, tendrían una sustitución o rotación más lenta y se almacenarían en los lugares menos accesibles del almacén.

80. c) First in, first out.

81. a) Revisión de ofertas.

82. d) La distribución de pedidos.

83. b) Más se utilizan y, por tanto, se guardan en los lugares más próximos y de fácil acceso.

84. c) Primero en entrar, primero en salir.

85. a) Suministro.

86. c) A la supervisora de planta.

87. c) Los de clase «C».

88. a) La ubicación de las mercancías en el interior del almacén.

89. c) Inventario rotativo.

90. b) Suministros internos.

91. d) 10 años.

92. c) Causen menor dolor, sufrimiento, angustia o daño duradero.

Concepto de infección intrahospitalaria: prevención.
Gestión de los residuos sanitarios: clasificación, transporte,
eliminación y tratamiento. Soporte vital básico:
RCP básica y desfibrilación semiautomática

1. Los dispositivos de urgencias sanitarias garantizan a los usuarios del Sistema Sanitario Público una atención continuada, y para ello:

a) Tratan todo tipo de procesos.
b) Traslada a todos los pacientes al ambulatorio más cercano para su tratamiento.
c) Garantizan a los usuarios una atención sanitaria durante las 24 horas del día.
d) No tienen en cuenta la gravedad del paciente para su asistencia.

2. De las siguientes afirmaciones, ¿cuál de ellas expresa alguna característica propia del término «emergencia»?

a) Es un tipo agravado de urgencia en la que existe un peligro inmediato, real o potencial, para la vida del paciente.
b) Existe peligro de secuelas para el paciente.
c) Suceso que provoca en el organismo una lesión y es de forma fortuita.
d) Suceso que altera el orden normal de las cosas y provoca una gran necesidad de asistencia sanitaria.

3. Se considera «emergencia» a aquella situación que:

a) Supone una pérdida de calidad de vida para la persona y debe ser atendida de forma preferente.
b) Es percibida como tal por el usuario.
c) Supone una amenaza inmediata para la vida o salud de la persona.
d) Es definida como tal por Atención Primaria.

4. De los siguientes uno No es un Servicio de Urgencias y Emergencias Sanitarias; señálalo:

a) SAMU.
b) 091.
c) 112.
d) SOS emergencias.

5. Las Unidades de Urgencias de los Hospitales Generales y Especialidades prestan asistencia:

a) Ambulatoria.
b) Domiciliaria.
c) Especializada.
d) Básica.

6. Un hospital que oferte un servicio de urgencias poco especializado se incluirá en el nivel:

a) 0.
b) 1.
c) 2.
d) 3.

7. Señala cuál de las siguientes no es una zona diferenciada de la unidad de urgencias:

a) Área de admisión de familiares.
b) Área de boxes.
c) Área de observación.
d) Área de emergencias.

8. Dentro del equipamiento del que está dotado un servicio de Urgencias no se encuentra/n:

a) Equipos para cateterización uretral.
b) Torniquetes y material para clampajes vasculares.
c) Instrumental de cirugía mayor.
d) Equipos de atención obstétrica urgente.

9. El Plan de Urgencias debe incluir una descripción detallada de la unidad y no incluye:

a) Organigrama.
b) Historia clínica.

c) Circuito administrativo y asistencial.

d) Protocolo de todo tipo de asistencia sanitaria.

10. La asistencia continuada de urgencias se prestará por el personal del Equipo de AP de la Zona de Salud en:

a) Domicilio.

b) Hospital.

c) Centro de salud.

d) Las respuestas a) y c) son correctas.

11. Una de las siguientes funciones no corresponde al celador/a en las unidades de urgencias extrahospitalarias:

a) Velar por el funcionamiento del servicio.

b) Podrá derivar urgencias a otros dispositivos sanitarios en situaciones de mucha demanda.

c) Facilitar la hoja de reclamaciones a usuarios que no estén de acuerdo con la atención recibida.

d) No abandonará su puesto cuando esté solo en el servicio por ausencia del equipo sanitario.

12. En un triaje se consideran situación de emergencia, nivel I:

a) Pacientes cuya atención puede demorarse más de 30 minutos.

b) Pacientes a los que se asigna una etiqueta o código rojo.

c) Pacientes en coma.

d) Pacientes a los que se asigna etiqueta o código verde.

13. El nivel 3 de Triaje corresponde:

a) A un nivel muy urgente, con un tiempo para atender al paciente de 15 minutos, al que se le asigna etiqueta naranja.

b) A un nivel muy urgente, con un tiempo para atender al paciente de 30 minutos, al que se le asigna etiqueta amarilla.

c) A un nivel urgente, con un tiempo para atender al paciente de 15 minutos, al que se le asigna etiqueta roja.

d) A un nivel urgente, con un tiempo para atender al paciente de 60 minutos, al que se le asigna etiqueta amarilla.

14. Señala cuál de los siguientes no es una función del celador en la entrada de Urgencias:

a) Recibir a los pacientes que lleguen a la puerta de Urgencias, saliendo a su encuentro y acomodándolos.

b) Cuidar de que el paciente acuda a la zona de boxes o consulta de Urgencias acompañado de sus familiares.

c) Mantener la entrada de Urgencias convenientemente surtida de carros y camillas.

d) Trasladar al paciente a: sala de espera de pacientes, de yesos, de observación de radiología, de consultas externas y servicios diagnósticos.

15. Un paciente que se traslada de un centro a otro, bien sea concertado o privado, realiza un transporte:

a) Rutinario.
b) Primario.
c) Secundario.
d) Emergente.

16. Señala cuál de las siguientes es una ambulancia de la clase A1:

a) La destinada al trasporte de pacientes en camillas.
b) Las destinadas al transporte colectivo.
c) Las destinadas a proporcionar soporte vital básico.
d) Las destinadas a proporcionar soporte vital avanzado.

17. ¿En qué posición se pondría a un paciente con una herida en el abdomen?

a) Posición lateral o seguridad.
b) Sedestación.
c) Decúbito supino y piernas flexionadas.
d) Decúbito supino y piernas elevadas.

18. ¿Cuál de los siguientes enunciados no es correcto, en relación con el uso de señales acústicas y luminosas en las ambulancias?

a) Se puede no emplear la señal acústica cuando hay circulación fluida sin densidad de tráfico, en la cercanía de hospitales, cuando la patología del paciente no lo haga aconsejable…

b) El uso de señales acústicas o luminosas exime al conductor de responsabilidad en caso de colisión o accidente.

c) Es preciso hacer uso de las señales luminosas y acústicas en todos aquellos casos en que la ambulancia se encuentre activada.

d) Las señales luminosas deben ser perfectamente vistas tanto desde la parte anterior del vehículo como de la posterior.

19. La sala de triaje de una unidad de urgencias hospitalaria también se llama:

a) Sala de reanimación.
b) Sala de despertar.
c) Filtro.
d) Box de urgencias.

20. El espacio físico donde se ubican los PAC (Puntos de Atención Continuada) son:

a) Ambulatorios.
b) Centros de especialidades.
c) Centros de salud.
d) Unidades de urgencias hospitalarias.

21. La prestación de asistencia en un PAC (Puntos de Atención Continuada) se realizará mediante la modalidad de:

a) Presencia física.
b) Guardias localizadas.
c) Indistintamente presencia física o guardias localizadas.
d) Los médicos harán guardias localizadas y el resto del personal, presencia física.

22. Al llegar un enfermo a la puerta de urgencias, sin posibilidad de andar por sí mismo, el celador:

a) Le ayudará a bajar del coche para que pase a que le atiendan.
b) Sacará una silla de ruedas para pasarlo al reconocimiento.
c) Se quedará en la puerta esperando a que el médico le ordene ayudar al enfermo.
d) Lo trasladará siempre en camilla.

23. Si traen una persona herida al servicio de urgencias del hospital, ¿qué es lo primero que haría?

a) Avisar al médico.
b) Salir a recibir al enfermo.
c) Preparar una transfusión de sangre.
d) Preguntarle los datos de la seguridad social.

24. Una persona acude al servicio de urgencias diciendo que en el exterior hay una persona en el suelo que necesita ayuda urgente; en este caso el celador:

a) Le dice que lo acerque para que lo vea el médico.
b) Le facilita una silla de ruedas para que traslade al enfermo.
c) Se cerciorará de los hechos e informará de inmediato al personal sanitario, siguiendo sus instrucciones para movilizar al paciente.
d) Le indicará que llame al 061.

25. ¿Qué es lo primero que haría un celador ante un paciente que presenta una fractura en una pierna?

a) No movilizar la pierna hasta recibir instrucciones.
b) Intentar colocarle el hueso en su sitio.
c) Llevarlo como sea a la sala de yesos.
d) Darle un calmante.

26. Es una característica de la urgencia:

a) El déficit de salud de un individuo que requiere atención inmediata.
b) Una situación de emergencia colectiva.
c) Una situación desestabilización social en que entran en juego las fuerzas de la naturaleza.
d) Una situación de riesgo universal.

27. El plan de Urgencias del hospital se integrará:

a) En la planificación del Hospital.
b) En los programas del Hospital.
c) En el Plan General del Hospital.
d) En la cartera de servicios no comunes del hospital.

28. Las vibraciones del traslado no pueden producir:

a) Hemorragias.
b) Alteraciones vasculares.
c) Aumento de la conciencia.
d) Alteraciones en aparatos como el EKG.

29. ¿En qué posición se deberá colocar a un enfermo que ha perdido la consciencia y para facilitar la eliminación de vómitos y mantener despejada la vía aérea?

a) Fowler.
b) Trendelenburg.
c) Genupectoral.
d) Sims.

30. ¿Cuál de las siguientes funciones correspondería al celador de puerta de urgencias?

a) Vigilar la entrada y salida de enfermos.
b) Comentar los posibles diagnósticos con la familia.
c) Descargar los vehículos que llegan a la institución transportando suministros.
d) Vigilancia nocturna del exterior del edificio.

En MADTEST tienes **más preguntas de este tema**, y todos tus avances quedan registrados y se reflejan en el ranking.

¡Supera tus límites con MADTEST!

Solución al test n.º 18

1. c) Garantizan a los usuarios una atención sanitaria durante las 24 horas del día.

2. a) Es un tipo agravado de urgencia en la que existe un peligro inmediato, real o potencial, para la vida del paciente.

3. c) Supone una amenaza inmediata para la vida o salud de la persona.

4. b) 091.

5. c) Especializada.

6. b) 1.

7. a) Área de admisión familiares.

8. c) Instrumental de cirugía mayor.

9. d) Protocolo de todo tipo de asistencia sanitaria.

10. d) Las respuestas a) y c) son correctas.

11. b) Podrá derivar urgencias a otros dispositivos sanitarios en situaciones de mucha demanda.

12. b) Pacientes a los que se asigna una etiqueta o código rojo.

13. d) A un nivel urgente, con un tiempo para atender al paciente de 60 minutos, al que se le asigna etiqueta amarilla.

14. b) Cuidar de que el paciente acuda a la zona de boxes o consulta de Urgencias acompañado de sus familiares.

15. c) Secundario.

16. a) La destinada al trasporte de pacientes en camillas.

17. c) Decúbito supino y piernas flexionadas.

18. b) El uso de señales acústicas o luminosas exime al conductor de responsabilidad en caso de colisión o accidente.

19. c) Filtro.

20. c) Centros de salud.

21. a) Presencia física.

22. b) Sacará una silla de ruedas para pasarlo al reconocimiento.

23. b) Salir a recibir al enfermo.

24. c) Se cerciorará de los hechos e informará de inmediato al personal sanitario, siguiendo sus instrucciones para movilizar al paciente.

25. a) No movilizar la pierna hasta recibir instrucciones.

26. a) Déficit de salud de un individuo que requiere atención inmediata.

27. c) En el Plan General del Hospital.

28. b) Aumento de la conciencia.

29. d) Sims.

30. a) Vigilar la entrada y salida de enfermos.

Atención al usuario: recepción e información; libro de quejas y sugerencias. Base de datos de usuarios. Derechos de prestación de servicios de manera individual o colectiva: elección libre de equipo sanitario y de centro sanitario; segunda opinión; derechos de participación; garantía del plazo de respuesta quirúrgica en procesos asistenciales y primeras consultas especializadas; declaración y registro de voluntades anticipadas

1. La Información general es aquella que se refiere a los siguientes aspectos excepto uno. Señala cuál:

a) La relativa a la identificación, fines, competencia, estructura, funcionamiento y localización de organismos y unidades administrativas.

b) La concerniente al estado o contenido de los procedimientos en tramitación, y a la identificación de las autoridades y personal al servicio de la Administración General del Estado y de las entidades de derecho público vinculadas o dependientes de la misma bajo cuya responsabilidad se tramiten aquellos procedimientos.

c) La referida a los requisitos jurídicos o técnicos que las disposiciones impongan a los proyectos, actuaciones o solicitudes que los ciudadanos se propongan realizar.

d) La referente a la tramitación de procedimientos, a los servicios públicos y prestaciones, así como a cualesquiera otros datos que aquellos tengan necesidad de conocer en sus relaciones con las Administraciones públicas, en su conjunto, o con alguno de sus ámbitos de actuación.

2. El artículo 14 de la Ley 14/1986, General de Sanidad, establece que los poderes públicos procederán, mediante el correspondiente desarrollo normativo, a la aplicación de la facultad de elección de médico en la atención primaria del área de salud y que se podrá elegir en el conjunto de la ciudad en los núcleos de población de más de:

a) 50.000 habitantes.
b) 100.000 habitantes.
c) 200.000 habitantes.
d) 250.000 habitantes.

3. La herramienta que equivale en funciones y posibilidades a las oficinas presenciales que la administración pone en las Consejerías a la disposición de los ciudadanos para recibir sus solicitudes se denomina:

a) Canal de Acceso Telemático.
b) E- Administració.
c) Plataforma de Tramitación y Notificación Telemática.
d) Call Center Fundación Bit.

4. Las quejas formuladas en el Libro de Sugerencias y Reclamaciones:

a) No tienen carácter de recurso administrativo.
b) Paralizan los plazos legalmente establecidos para interponer recursos.
c) Condicionarán el ejercicio de las restantes acciones o derechos que, de conformidad con la normativa reguladora de cada procedimiento, puedan ejercitar las personas que figuren como interesadas.
d) Pueden tener carácter de recurso administrativo.

5. ¿Qué institución es responsable de atender las reclamaciones, quejas o denuncias presentadas dentro del ámbito sanitario?

a) El Servicio de Admisión de Reclamaciones, Quejas o Denuncias del Sistema Sanitario Público de las Illes Balears.
b) El Defensor de los usuarios del Sistema Sanitario Público de las Illes Balears.
c) La Comisión Interterritorial del Sistema Sanitario Público de las Illes Balears.
d) El Comité para la Gestión y la Coordinación de la Seguridad de la Información.

6. ¿Cuál es la función de la Base de Datos de Usuarios (BDU)?

a) Atender las reclamaciones, quejas o denuncias presentadas dentro del ámbito sanitario.
b) Generar un código de identificación personal único para el SNS.
c) Acceder a la historia clínica única.
d) Identificar la organización funcional de asistencia y los recursos disponibles.

7. Las personas físicas y jurídicas pueden presentar las quejas y las sugerencias verbalmente a través del teléfono de información:

a) 012.
b) 061.
c) 091.
d) 112.

8. El código de identificación personal del Sistema Nacional de Salud:

a) Dependerá de la atención sanitaria de cada momento.
b) Tendrá vigencia durante dos años.
c) Será único a lo largo de la vida de cada persona.
d) Está regulado por la Ley 16/2003, de 28 de mayo.

9. Para facilitar la gestión de la población protegida, su movilidad y el acceso a los servicios sanitarios, la base de datos actuará como un sistema:

a) Abierto a los usuarios.
b) De intercambio de información entre las Administraciones sanitarias.
c) De gestión blindada.
d) De adscripción simultánea a los distintos servicios de salud.

10. Conforme al artículo 7 de la Ley 5/2003, la mujer, durante la gestación, el parto y el puerperio, tiene derecho a:

a) Obtener de vez en cuando información parcial sobre la evolución del embarazo, parto y postparto y estado de su hijo, expresada en términos profesionales.
b) Escoger durante el parto y el postparto un equipo profesional referente de su caso, de no menos de cuatro especialistas.
c) Recibir una atención prenatal adecuada y una educación maternal efectuada por un profesional capacitado y estar acompañada por una persona de su confianza durante el preparto, parto y postparto, excepto causa suficientemente justificada.
d) Tener al recién nacido a su lado desde el momento del nacimiento y durante toda su estancia hospitalaria, aún cuando a juicio del facultativo la salud de ambos no lo aconseje.

11. La política de seguridad de la información se desarrollará en varios niveles. El nivel táctico define:

a) El desarrollo de los procedimientos y las instrucciones técnicas que detallen las actividades que se deberán realizar para gestionar la seguridad de la información definiendo los concretos detalles y los aspectos prácticos sobre la manera de hacerlas para ejecutar la tarea especificada y cumplir las responsabilidades asignadas.
b) Las directrices emitidas por la normativa vigente y por la presente política de seguridad de la información.
c) Las actividades destinadas a lograr que los niveles de seguridad requeridos se estructuren y se conciban como un proceso de mejora continua, y no como acciones o esfuerzos puntuales, sustentándolo en el análisis y la gestión sistematizados de los riesgos.
d) El establecimiento de las normas que concretan las pautas para cada una de las áreas de conocimiento y seguridad del Servicio de Salud de conformidad con los objetivos establecidos por la política de seguridad de la información.

12. ¿Cuáles de los siguientes roles para gestionar la seguridad de la información en el Servicio de Salud pueden recaer en una misma persona?

a) El rol de responsable de los servicios y el rol de responsable de la seguridad de la información de los Servicios Centrales del Servicio de Salud o de cualquiera de las gerencias territoriales.
b) Los roles de responsable de la seguridad de la información de los Servicios Centrales del Servicio de Salud y de responsable de la seguridad de la información de cada gerencia territorial.

c) El rol de responsable de los sistemas y el rol de responsable de la seguridad de la información de los Servicios Centrales del Servicio de Salud o de cualquiera de las gerencias territoriales.

d) Los roles de responsable de la información y de responsable de los servicios cuando la prestación del servicio dependa de la unidad que es responsable de la información o cuando el servicio no maneje información de procedencias diferentes.

13. En los Centros de Atención Primaria del Servicio de Salud de las Illes Balears los usuarios pueden ejercer el derecho a la libre elección de los siguientes profesionales sanitarios. Señala la respuesta incorrecta:

a) Médico de familia.
b) Enfermera/o.
c) Pediatra.
d) Trabajador social.

14. La segunda opinión médica puede solicitarse solo:

a) Por escrito y con autorización del paciente.
b) Si no existe historia clínica previa del paciente.
c) Para aquellos pacientes que ya disponen de un primer diagnóstico completo o una propuesta terapéutica.
d) Si el paciente requiere tratamiento urgente o inmediato.

15. En una negociación formal existen varias etapas. Señala la respuesta que no forma parte de tales etapas:

a) Persuasión.
b) Preparación.
c) Oferta.
d) Desacuerdo.

16. Las personas físicas y jurídicas pueden presentar las quejas y las sugerencias en cualquiera de las formas y medios siguientes:

a) De forma presencial y telemática exclusivamente.
b) Sólo de forma presencial.
c) Presencialmente, por correo postal y por medios telemáticos.
d) Por correo postal únicamente.

17. Desde que el ciudadano o la ciudadana presenta la queja o la sugerencia, el plazo para responder es de:

a) 10 días hábiles.
b) 15 días naturales.

c) 20 días naturales.
d) 15 días hábiles.

18. Con respecto a las sugerencias y quejas de los ciudadanos, señala la respuesta incorrecta:

a) Las quejas tienen calificación de recurso administrativo.
b) Las sugerencias y quejas podrán ser formuladas a través de medios electrónicos, informáticos y telemáticos, de acuerdo con lo que se determine en la normativa de desarrollo de los Libros de Sugerencias y Quejas.
c) Las sugerencias y quejas podrán ser formuladas tanto por personas físicas como jurídicas, individual o colectivamente.
d) Las sugerencias podrán ser anónimas, mientras que en las quejas deberá quedar constancia de la identidad de la persona que las formula.

19. ¿Quién es el titular del derecho a la información?

a) La institución sanitaria.
b) El médico responsable.
c) Las personas vinculadas al paciente.
d) El paciente.

20. ¿Qué tiempo máximo de acceso establece el Real Decreto 1039/2011, de 15 de julio, para una intervención quirúrgica de prótesis de cadera?

a) 60 días.
b) 90 días.
c) 120 días.
d) 180 días.

21. ¿Cuál es el órgano superior de participación comunitaria y consulta del sistema sanitario público de las Illes Balears, adscrito a la consejería competente en materia de sanidad?

a) El Consejo Interterritorial.
b) El Consejo de Salud.
c) El Consejo General de Sanidad.
d) El Consejo de Garantías Sanitarias.

22. Señala la respuesta incorrecta. La garantía de tiempo máximo de acceso quedará sin efecto cuando el usuario:

a) Retrase la atención sin causa justificada.
b) Deje de tener la indicación que justificaba la atención garantizada.

c) No se presente, sin motivo justificado, a la citación correspondiente en el centro que le ofrezca el servicio de salud.

d) Quede registrado en la lista de espera.

23. El documento de instrucciones previas se formalizará por escrito y mediante uno de los siguientes procedimientos. Señala la respuesta incorrecta:

a) En documento personal privado, firmado bajo la responsabilidad del otorgante.

b) Ante Notario.

c) Ante funcionario o empleado público habilitado al efecto por la consejería competente en materia de salud.

d) Ante tres testigos, que han de ser mayores de edad con plena capacidad de obrar.

24. Siempre que el otorgante tenga capacidad, la entrega del documento de instrucciones previas en el centro sanitario, para su incorporación a la historia clínica, corresponde a:

a) Su representante legal.

b) Un familiar.

c) El propio otorgante.

d) Un interlocutor designado.

25. ¿Quién valorará si la persona bajo atención médica se encuentra en una situación de incapacidad de hecho que le impide decidir por sí misma?

a) El Comité de Ética Asistencial.

b) El/la Trabajador/a Social.

c) La persona que ejercite los derechos del paciente.

d) El médico responsable.

26. Los pacientes en situación terminal o de agonía, si así lo desean, tienen derecho a recibir en su domicilio:

a) Cuidados agudos.

b) Cuidados de mantenimiento.

c) Cuidados paliativos.

d) Cuidados de rehabilitación.

27. En relación con el derecho de autonomía del paciente, señala la respuesta incorrecta:

a) Reconoce a los usuarios el derecho a decidir sobre su salud.

b) El paciente puede revocar su consentimiento a la intervención en cualquier momento.

c) Por regla general el paciente manifiesta su consentimiento por escrito.

d) Deberá firmarse tras el procedimiento de información; y no en momentos inoportunos para el paciente.

28. El Registro de Voluntades Anticipadas ha de custodiar los documentos inscritos hasta pasados:

a) 3 años desde la defunción de la persona otorgante.
b) 7 años desde la defunción de la persona otorgante.
 c) 5 años desde la defunción de la persona otorgante.
d) 10 años desde la defunción de la persona otorgante.

29. Señala en qué caso no será necesaria la exigencia del consentimiento por parte del paciente:

a) En intervenciones quirúrgicas.
b) En los procedimientos diagnósticos invasivos.
c) Cuando se lleven a cabo procedimientos que supongan algún riesgo previsible para la salud.
d) Cuando la falta de intervención conlleve un riesgo para la salud pública.

30. Queda excluida la siguiente intervención del ámbito de aplicación del Real Decreto 1039/2011, de 15 de julio, que establece los criterios marco para garantizar un tiempo máximo de acceso a las prestaciones sanitarias del Sistema Nacional de Salud:

a) Cirugía cardiaca coronaria.
b) Cataratas.
c) La atención sanitaria de urgencia, incluyendo reimplantes de miembros y atención a quemados.
d) Prótesis de cadera.

En MADTEST tienes **más preguntas de este tema**, y todos tus avances quedan registrados y se reflejan en el ranking.

¡Supera tus límites con MADTEST!

Solución al test n.º 19

1. b) La concerniente al estado o contenido de los procedimientos en tramitación, y a la identificación de las autoridades y personal al servicio de la Administración General del Estado y de las entidades de derecho público vinculadas o dependientes de la misma bajo cuya responsabilidad se tramiten aquellos procedimientos.

2. d) 250.000 habitantes.

3. c) Plataforma de Tramitación y Notificación Telemática.

4. a) No tienen carácter de recurso administrativo.

5. b) El Defensor de los usuarios del Sistema Sanitario Público de las Illes Balears.

6. b) Generar un código de identificación personal único para el SNS.

7. a) 012.

8. c) Será único a lo largo de la vida de cada persona.

9. b) De intercambio de información entre las Administraciones sanitarias.

10. c) Recibir una atención prenatal adecuada y una educación maternal efectuada por un profesional capacitado y estar acompañada por una persona de su confianza durante el preparto, parto y postparto, excepto causa suficientemente justificada.

11. d) El establecimiento de las normas que concretan las pautas para cada una de las áreas de conocimiento y seguridad del Servicio de Salud de conformidad con los objetivos establecidos por la política de seguridad de la información.

12. d) Los roles de responsable de la información y de responsable de los servicios cuando la prestación del servicio dependa de la unidad que es responsable de la información o cuando el servicio no maneje información de procedencias diferentes.

13. d) Trabajador social.

14. c) Para aquellos pacientes que ya disponen de un primer diagnóstico completo o una propuesta terapéutica.

15. a) Persuasión.

16. c) Presencialmente, por correo postal y por medios telemáticos.

17. d) 15 días hábiles.

18. a) Las quejas tienen calificación de recurso administrativo.

19. d) El paciente.

20. d) 180 días.

21. b) El Consejo de Salud.

22. d) Quede registrado en la lista de espera.

23. a) En documento personal privado, firmado bajo la responsabilidad del otorgante.

24. c) El propio otorgante.

25. d) El médico responsable.

26. c) Cuidados paliativos.

27. c) Por regla general el paciente manifiesta su consentimiento por escrito.

28. c) 5 años desde la defunción de la persona otorgante.

29. d) Cuando la falta de intervención conlleve un riesgo para la salud pública.

30. c) La atención sanitaria de urgencia, incluyendo reimplantes de miembros y atención a quemados.

TEST N.º 20

Informática de nivel de usuario: conceptos básicos; sistemas operativos; el procesador de textos Word; el correo electrónico; internet: concepto y modo de acceso; exploradores y búsqueda de información

1. Para moverse al inicio del documento con el teclado, ¿qué debe pulsar?

a) RePág.
b) Inicio.
c) Ctrl + Inicio.
d) Alt + Inicio.

2. Para seleccionar todo el documento, ¿qué tecla debe pulsar?

a) Ctrl + E.
b) Ctrl + C.
c) Ctrl + V.
d) Ctrl + X.

3. ¿Qué tecla debe mantener pulsada para seleccionar junto con las teclas de desplazamiento (arriba, abajo, izquierda y derecha)?

a) Ctrl.
b) Enter.
c) Alt.
d) Shift.

4. La celda de la fila 2 y columna B, ¿cómo se referencia?

a) 2B.
b) B2.
c) Las dos opciones primeras son correctas.
d) Las dos opciones primeras son falsas.

5. ¿Cómo se referencia el rango que va de la celda A1 hasta la celda A10?

a) 1A:10A.
b) A10:A1.
c) A1:A10.
d) A1, A10.

6. ¿Cuántas columnas tiene una hoja de cálculo?

a) 3 por defecto.
b) Las que se ven en pantalla.
c) 65.635.
d) 1024.

7. El programa de LibreOffice de diapositivas se denomina:

a) Power Point.
b) Calc.
c) Writer.
d) Impress.

8. Para duplicar una diapositiva hay que dirigirse al menú:

a) Archivo.
b) Insertar.
c) Presentación.
d) Edición.

9. Para introducir unas viñetas en una presentación te tienes que dirigir al menú:

a) Archivo.
b) Formato.
c) Presentación.
d) Edición.

10. ¿Por qué se dice que Internet es libre?

a) Porque solo se puede utilizar en sitios públicos
b) Es una tecnología que depende del estado y éste facilita su utilización
c) Es una tecnología gratuita y de libre uso.
d) Todas las respuestas son correctas.

11. ¿Qué es el Sitemap?

a) Una página Web.
b) Indica la localización geográfica de una página Web.

c) Es lo mismo que un siteweb.
d) Indica la estructura de un siteweb.

12. ¿Qué problemas presenta la conexión a Internet por la RTC?

a) Es más cara.
b) Velocidad como máximo 56 kbps.
c) No se puede hablar por teléfono.
d) Las dos respuestas anteriores son correctas.

En MADTEST tienes **más preguntas de este tema**, y todos tus avances quedan registrados y se reflejan en el ranking.

¡Supera tus límites con MADTEST!

Solución al test n.º 20

1. c) Ctrl + Inicio.

2. a) Ctrl + E.

3. d) Shift.

4. b) B2.

5. c) A1:A10.

6. d) 1024.

7. d) Impress.

8. b) Insertar.

9. b) Formato.

10. c) Es una tecnología gratuita y de libre uso.

11. d) Indica la estructura de un siteweb.

12. d) Las dos respuestas anteriores son correctas.

Cómo acceder al Curso

Celador/a
Test del temario

El uso de los códigos **es exclusivo de los compradores de los productos de Editorial MAD**. Cada producto posee un código único y de un solo uso. Es personal e intransferible y da acceso a servicios y contenidos adicionales. Editorial MAD se reserva el derecho de hacer cuantas comprobaciones sean necesarias para identificar al legítimo poseedor del código y dejar de dar servicio a quien haga uso fraudulento del mismo, además de emprender cuantas acciones legales estime oportunas según la legislación vigente.

Deberás acceder a:

mad.es/registro-campus

Si una vez aceptadas las condiciones de uso del Campus decides hacer uso del mismo, necesitarás del siguiente código de acceso junto con los códigos del resto de títulos que se exigen (si fuera el caso):

Y675VAIUMZ